妈妈是最好的英语老师

——一位教育专家10年的亲子英文手记

[韩]朴炫英 著
木兰 译

新世界出版社
NEW WORLD PRESS

图书在版编目（CIP）数据

妈妈是最好的英语老师 /（韩）朴炫英著；木兰译.
—北京：新世界出版社，2012.3
ISBN 978-7-5104-2652-0

Ⅰ.①妈… Ⅱ.①朴…②木… Ⅲ.①英语－口语－
儿童教育－自学参考资料 Ⅳ.① H319.9

中国版本图书馆 CIP 数据核字（2012）第 038588 号

Park Hyun Young's Supermom English by Park Hyun Young 朴炫英
Copyright © 2010 by Park Hyun Young 朴炫英
The bear with a star(LMP Bear) in the text is provided by LMP English Education Center.
All rights reserved.
Simplified Chinese copyright © 2012 by Beijing Wisdom & Culture Co.,Ltd
Simplified Chinese language edition arranged with Wisdomhouse Publishing Co.,Ltd
through Eric Yang Agency Inc.

妈妈是最好的英语老师

作　者：	（韩）朴炫英
译　者：	木　兰
责任编辑：	余守斌　邓东文
责任印制：	李一鸣　黄厚清
出版发行：	新世界出版社
社　址：	北京西城区百万庄大街 24 号（100037）
发 行 部：	(010) 6899 5968　　(010) 6899 8733（传真）
总 编 室：	(010) 6899 5424　　(010) 6832 6679（传真）
	http://www.nwp.cn
	http://www.newworld-press.com
版 权 部：	+8610 6899 6306
版权部电子信箱：	frank@nwp.com.cn
印　　刷：	北京中振源印务有限公司
经　　销：	新华书店
开　　本：	720×1020　1/16
字　　数：	300 千字　　印　张：20.5
版　　次：	2012 年 6 月第 1 版　2012 年 6 月第 1 次印刷
书　　号：	ISBN 978-7-5104-2652-0
定　　价：	38.00 元

版权所有，侵权必究

凡购本社图书，如有缺页、倒页、脱页等印装错误，可随时退换。
客服电话：(010) 6899 8638

推荐序

妈妈充满智慧的努力决定孩子的英语实力

对于英语，韩国真是一个超级矛盾的国家。在全世界都很难找到像韩国人这样投入天文数字般的费用下工夫学英语的例子，然而，像韩国人这样付出种种努力却换不来与之相应的英语实力的例子也很少见。

根据2008年IBT考试成绩分析显示，满分120分的新托福考试，韩国人的平均成绩是78分（世界平均分为79分），在161个国家中排第89位。更需要指出的是，口语成绩排在世界第136位，和日本、越南一样位居下游。为什么韩国人唯独在英语学习上会出现如此付出和收获完全不成正比的矛盾结果呢？而且一直持续了数10年都没有改善。我们在这本书中就能找到个中缘由，以及相应的解决方法。

我们为什么要关注这本书？并不是因为这本书的作者是英语教育专家。我们应该注意的是，本书作者和韩国无数的平凡女性、平凡母亲一样在相似的环境下生活，也没有出国留学的经验。结婚之后一直没有舍弃工作，作为一个职业女性和丈夫共同维持家庭生计。而正是这样背景的她，成功地将独生女儿贤镇培养成了精通四国语言（英语、汉语、日语、韩语）的奇才。作者的女儿贤镇从未出国留学过，也没有参加过昂贵而著名的培训学校，更不曾接受过私人外教的辅导。那么，到底是什么让贤镇不仅精通英语，更能熟练地掌握四国语言呢？

如果将这个原因总结成三个词，那便是"妈妈""充满智慧""努力"。

首先，本书作者认为，"妈妈"必须要一起投入到孩子的英语教育中。因为没有人比妈妈更了解自己的孩子。不管是把孩子送进一流的培训学校，还是让孩子去语言环境好的外国留学，又或者是请私人家教，如果妈妈不在一旁陪同监督，效果也许会大打折扣。

其次，"充满智慧"的意思是，要像教母语一样教英语。刚开始教孩子说话的时候，妈妈们都会选择从最简单的词教起，和孩子一起在笑闹的过程中逐渐学习。即使孩子说的不对也不会责骂而是加以鼓励，总是朝着更有活力、更有趣味的方向努力。但不知道为什么，一到教英语的时候，妈妈们就变得害怕、焦躁、烦闷，所以就会出现诸多混乱的现象。比如同时教还不怎么会说话的孩子阅读和书写，不分音频和视频统统让孩子听、看，一旦没有效果就彻底放弃，把孩子送去培训学校。就这样被送进培训学校，孩子的实力真的会有所提高吗？可惜的是，我国大部分英语培训学校都是针对提高考试成绩而开办的，很多孩子一起听课，老师不可能依据每个孩子的特点进行有针对性的教育。

最后，"努力"意味着持续性的反复练习。在教孩子英语这件事上，妈妈们通常最担心两点：一是自己不擅长英语，再一个就是没有时间。但在本书作者看来，这些都不过是借口。因为教小孩子英语并不要求妈妈有多高的英语水平，就算是时间长了，随着孩子英语水平的提高，妈妈的英语水平开始显得捉襟见肘的话，还有很多可以借助的辅导教学用具。再说时间的问题，参加工作的妈妈们总是说没有时间，这时不妨反问一下：真的忙到连每天陪孩子30分钟的时间都没有吗？本书作者在教女儿英语上投入的时间平均算下来仅仅是每天30分钟。虽然时间不长，但她坚持了10年。正是这每天30分钟的逐渐累积，现在她的女儿贤镇和任何一个使用她擅长的四国语言的外国人都可以正常沟通。

投入大量金钱学习英语，但真正站到外国人面前时却像木头一样一句话都说不出来。本书作者对韩国的这种半吊子英语教育现实表示叹息，所以主张妈妈们要牢牢地站在儿童英语教育的中心位置。作者10年来教育女儿的亲身经验便证明了这种想法的正确性。

如果研究一下现今教育科学技术部正在推行的英语教育政策方向，便不难发现，国家将会越来越强化对英语口语的教育。这表示韩国政府也深刻地意识到，学了几十年的英语也无法和外国人进行简单对话的现实是多么悲哀。认识到问题严重性的不仅是政府，最近三星集团在招聘新职员时，也取消了以往的托业、托福等英语考试成绩，而是要求求职者提供英语口语 OPIC（Oral Proficiency Interview-Computer）成绩，这同样是从重视英语交流能力为出发点而做出的决定。其他企业也很有可能会慢慢朝着这个方向发展。社会对英语能力的评价方式的大幅改变，也使得此书更加引人注目。

　　书中依照年龄大小和英语水平的不同，详细记录了从孩子出生一直到10岁为止的教育方法，这些都是作者教育经验的总结。想把自己孩子培养成"英语达人"的父母，请一定要把这本书的内容反复咀嚼、充分领会，并真正付诸于实践。

金慧静（EBS 英语频道幼儿节目咨询教授，英语教育专家）

自序

针对韩国99.9%
而并非上游0.1%
孩子们的"朴炫英牌英语"

"哇,真令人羡慕啊!你这当妈妈的擅长英语,孩子自然而然就学会英语了!"每当人们用充满嫉妒的目光这样说的时候,我都会觉得很难堪。

"英语同声翻译员兼播音员朴炫英,工作表现如此出色,她女儿的英语问题解决起来肯定容易。"

当人们通过2009年韩国有线电视台Story On播放的《超级妈咪》节目和网络上公开的视频,看到贤镇流利地说英语、汉语和日语,一般都会这样误会。也就是说,人们觉得只要妈妈精通英语,孩子就没什么可担心的。

然而,在贤镇的成长过程中,我有多么担心,只有我自己知道。贤镇没上过学费昂贵的英语幼儿园,甚至有好几次因"英语比同龄孩子落后很多"而被培训学校拒之门外。贤镇不仅没接受过"江南妈咪"(江南区是首尔最富庶的区域)之间流行的特殊的早期英语教育,连字母书写都是8岁时才开始的。我是一位在职妈妈,经常要工作到很晚,每天能与孩子一起学习英语的时间最多10~30分钟。谁会知道,我也同样因孩子的英语学习而经历过茫然和不安、失误和失败,我也曾急得直跺脚。

贤镇现在能够流利地说英语,不是因为我这个做妈妈的英语好就自然而然水到渠成的,而是10年来我一点一滴如春雨润物般慢慢积累起来的英语教育,如今终于开始显现出成果。

我特别怕别人说"妈妈英语好，女儿为什么不行"这样的话，因为这样会给贤镇的心灵带来伤害，所以我要比别人多费几倍的心思。我可能有点过虑了，但实际上，别人也确实是这样认为的。不过，作为养育过孩子的母亲，我可以断言：英语，还有其他外语，绝对不会因父母擅长孩子就能自然而然地掌握，也不与价格昂贵的教材、培训学校、私人家教或是花在海外留学上的钱成正比，当然也不是只有在特殊的环境中或高学历父母才能使孩子学好英语。

英语学习应该同每天吃饭一样，是在完全适应的前提下形成的一种可持续的习惯，是一种如呼吸般自然而令人幸福的习惯。在过去的10年里，我与我的女儿贤镇一起，亲身体验并领悟到了这些道理。

在韩国，英语学习热潮持续高涨，远非其他国家所能比。年轻妈妈们一旦开始养育子女，便会为孩子上哪家英语幼儿园、什么时候开始早期留学而忧心。最让学生们头疼的科目也是英语。考上大学或是进入社会后，他们依然要为托业、托福、招聘等各种英语考试而花费大量的时间和金钱。说英语纠缠和折磨着韩国人的一生一点儿也不过分。

即便如此，韩国人的英语口语能力还是处于世界最下游。各类英语考试分数和统计资料就能说明这一点。不论英语分数有多高，与外国人对话时还是会有很多人语无伦次。到底是哪里出错了呢？

1999年，贤镇刚出生时，我同很多新手妈妈一样，开始担心今后该如何养育她，如何教她学英语。我不是幼教专家，对孩子的英语教育，我和其他妈妈一样一无所知。

所以，我看了很多这样那样的育儿书籍和幼儿英语书。当时，国内非常流行幼儿英语教育或是早期英语教育的指南类书籍。妈妈们都争先恐后地效仿，以为不按照书中讲解的去做就会犯大错误。从那时到现在已经有10年的时间了，10年前，早期英语教育书就已百家争鸣，10年后的今天，早期英语、幼儿英语、儿童英语领域早已应该步入正轨了吧。

但现实如何呢？韩国人投在英语幼儿园、培训学校或学习教材上的费用高得惊人，代表性的指导书也越来越多，然而，妈妈们却依然说"不知道该怎么办"。

到目前为止，我通过各种演讲与很多妈妈交流过，发现她们的抱怨惊人地相似。读了各种畅销指导书并进行过相应实践的妈妈们找到我，跟我这样抱怨："可是老师……我家孩子都不按照书上说的做。难道我们孩子真的不行吗？"

每当这时，我都会紧握拳头回答道："不！您的孩子绝对不是不行！而是非常正常！"

是的。英语的快速普及让人们产生了巨大的误会，认为英语

是一门要比别人学得更快的斗争性学问,不按照时间学完某本教材就会出大事,恐吓自己的子女不与上游0.1%的孩子做得一模一样就会落后……令这片土地上所有的母亲毫无缘由地忐忑不安。

英语、语言学、语言等所谓"言语",不是同其他学问一样,能够按照进度,有计划性地完成的。即使同为5岁的孩子,有的孩子说话比较晚,有的孩子就会比较早。邻居哲洙喜欢摆积木,楼下的英姬可能会喜欢剪纸,每个孩子的性格和爱好都不一样。特别是语言学更是如此,根据孩子的特性和发育情况,会各有不同。因为不同于其他孩子就断言"晚了""不这样做不行",在英语学习上肯定是行不通的。

我想通过这本书,告诉那些因英语教育而痛苦的妈妈们,那些说"我英语不好,没办法"一开始就放弃的妈妈们,以及那些因为以上游0.1%的孩子们为基准撰写的书籍不奏效而灰心丧气的妈妈们一个事实——只要有热情和毅力,不论是谁,都能够做到一流的"妈妈牌英语",所以千万不要放弃。孩子的体质和胃口妈妈最了解,同样的,最适合子女的英语学习伙伴不是别人,正是妈妈。请不要忘记这一点。

朴炫英

目录

PART 1
"朴炫英牌英语"的第一步——培养开口说的习惯

- ★ 我的英语源泉——唱欧美流行音乐和大声喊　002
- ★ 妈妈是我的英语陪练　007
- ★ 这该死的韩国式英语学习！我绝不会这么教我的女儿　011
- ★ "愉快的英语"是只有妈妈才能给孩子的最棒的礼物　016
- ★ "朴炫英也会犯的"实践错误，以及从中得到的觉悟　023
- ★ "把××全搞定了"全都是胡言乱语　030
- ★ "贤镇妈妈，你家孩子落后太多了！"　037
- ★ 妈妈的作用是培养孩子的说话习惯　044
- ★ 为孩子培养自信的"妈妈牌英语"　049

PART 2
跟我学让人脱口而出说英语的"朴炫英牌超级妈咪英语"

0~4岁 从出生开始到婴幼儿期

★ 让孩子听爸爸妈妈的声音，而不是音频的机械音　057

★ 不要总想着全部背下来，要灵活运用小抄儿　060

★ 要对孩子的声音和行动作出积极反应　064

★ 把英语学习暗中嫁接在孩子喜欢的、现在正在做的事情上　070

★ 母语和英语会不会混淆　076

★ 食物英语和身体英语所具有的惊人效果　083

★ 用夸张的高声调，尽量张大嘴巴　088

★ 吐唾沫、掏耳朵、闻大便的味道……绘声绘色的活力英语　094

★ 即使想做也千万不要付诸行动的事情：比较、检验、强迫　103

★ 在婴幼儿期和孩子玩游戏英语的要领　109

★ 从婴幼儿期开始，学习欢快的英语童谣　121

★ 这样灵活运用幼儿图画书效果最好　126

CONTENTS

5~7岁 从幼儿园到入学之前

★ 5~7岁"倔脾气"孩子的"英语排斥症"和"沉默期" 143

★ 从游乐园英语变为"室内（Indoor）"英语 148

★ 英语幼儿园并不是万能药 156

★ 用母语词汇读解，为孩子打下扎实的基础 165

★ "Speak Out!"一定要出声念书的理由 172

★ 要选择低于孩子年龄水平的难度的英语视频 181

★ 英语童谣——"Singlish"的鼎盛期 187

★ 懂得暂停的智慧！保持在孩子都能理解消化的程度之内 194

★ 字母、音标、单词真的要从幼儿园就开始学习吗 199

★ 我的孩子为什么不想学 203

8~10岁 从小学一年级到小学三年级

★ "你到现在连这个都读不了？"与以读解为主的现实发生矛盾 213

★ "Spell Out!"用说话的方式背单词 218

★ 学习语法而非文法，让孩子习惯于"Talking Grammar" 226

★ 把书中的表达方式变成"自己的话" 231

★ 充满激情的、有韵律感的"大嘴巴英语" 240

- ★ "母语 vs 英语"用双胞胎图画书寻找乐趣 247
- ★ 英语词典，要选择图画版的 253
- ★ 不要太勉强，每天陪孩子30分钟即可 259
- ★ 不要太关注其他孩子的情况，要切实了解自己的孩子 265
- ★ 朴炫英针对英语教育提出的"火车轱辘论" 271
- ★ 让孩子学习真正的沟通英语、实用英语、国际英语吧 275

PART 3
超级妈咪朴炫英的"妈妈牌英语诊所"
BEST Q&A

后记　坚持不懈的激情、满怀希望的等待，以及给予孩子充分的信任 306

"超级妈咪"朴炫英的30条英语学习法,让孩子脱口而出说英语

01 Big Mouth English!
英语发音是肌肉运动!一定要张开嘴大声地、正确地发音!

02 Everyday English!
只教孩子每天能够用到的日常用语!

03 Have Fun!
把英语渗透在简单又有趣的游戏中!

04 Listen & Speak!
要集中于听说而非读写!

05 No Hurry! No Level!
不要贪恋进度或是等级,不要着急!
要选择适合自己孩子速度和水平的课程!

06 Simple, Fun and Easy!
简单易懂又有趣味性的英语书才是最好的选择!

07 Singlish is the Best way!
英语童谣是最适合用于反复学习的!
每天一起边开心地唱歌边愉快地练习!

08 Speak Out!
不管是孩子还是妈妈,都要培养大声说话的习惯!

09 Bed Time English!
每天晚上亲自念英语故事书或唱英语童谣给孩子听!

10 For My Child!
要从孩子的视角和高度出发!

11 Never Check!
不要试图去检验!

12 Face to Face!
面对面的英语!坚持每天用英语和孩子对视着交流!

13 Picture Dictionary!
百闻不如一见!图画版英语词典效果最好!

14 English = Habit!
英语不是学习!英语是习惯!

"超级妈咪"朴炫英的 30 条英语学习法,让孩子脱口而出说英语

⑮ Listening ≠ Speaking
不要把能听懂错认为是会说!

⑯ No Eye!
不要用眼睛看书!用嘴去朗读!

⑰ Body English!
用肢体动作教孩子英语!行动!行动!

⑱ Shadow Speaking! Repeat!
听并模仿原语民的发音,反复练习直到一模一样!

⑲ Food English!
把英语渗透到愉快的吃饭时间中!

⑳ Strong 10 Minutes!
越小的孩子注意力集中的时间越短。比起萎靡不振的 1 小时,高度集中的 10 分钟更有效!

㉑ Enunciate!
灵活运用电子词典,让孩子养成正确发音的习惯!

㉒ Never Mix!
千万不要把英语和母语混在一起说!

㉓ High and Over!
用英语说话时,一定要夸张地用高音,并把嘴巴大张!

㉔ Memorize by Mouth!
不要边写边默背单词,要像背九九乘法表一样出声背诵!

㉕ Mommy's Voice!
不管是什么,都让孩子最先接触到妈妈的声音!

㉖ Sooner the Better!
英语启蒙要尽早开始!越早开始效果越好!

㉗ Mom is the Best Teacher!
带着"妈妈是最棒的英语老师"的使命意识,用爱教育孩子!

㉘ Snowball Effect!
最开始也许是小小的雪片,但请坚持不懈地滚动!
一定会变成巨大的雪球!

㉙ Mommy First!
从妈妈开始学英语!妈妈学会享受英语,孩子才能学得开心!

㉚ Happy Together!
独自学英语很孤独,作为陪练和孩子一起享受英语吧!

PART 1

"朴炫英牌英语"的第一步——
培养开口说的习惯

我的英语源泉——
唱欧美流行音乐
和大声喊

"Jingle bells~ Jingle bells~Jingle all the way~"

至今,每到年末,儿时的记忆都会在我脑海中浮现,使我很自然地想起和妈妈、姐姐、妹妹、弟弟一起,全家开心地大声唱圣诞歌的情景。

因为那时还小,说实话也不清楚歌词到底是什么意思,发音也很糟糕,但是"Jingle bells~Jingle bells~"的节奏和歌声还是让年幼的我非常兴奋。含含糊糊地与家人一起唱着"Jingou ao du bai",后来才知道应该是"Jingle all the way",但那歌声和节奏,以及歌曲带给我的欢快感，在我成年之后也一直难以忘怀。

很多人都对我有些误会，说我"一定是小时候在国外生活过很长时间"或"肯定是父母非常擅长英语"。从我20多岁以英语主持节目开始，到现在成为一个孩子的母亲，这种误会一直没有消除。

不过，我真的只是个土生土长的孩子，母亲是全职主妇，父亲曾经从事进口外国影片和电影制作方面的工作。绝不是所谓的"海归派"，也并不是在多优越的家庭条件中长大的孩子。

"小时候曾在外国生活过"的说法完全被夸张了。我小学四年级的时候曾因为父亲的工作关系在日本冲绳上过1年半学，后来又在一个美国军队学校上了3个月，而这些就是我全部的国外生活经验了。

刚开始在那里上学的时候，我什么都听不懂，好不容易能磕磕巴巴地说一点儿简单的问候语，就又回韩国了。其实算是日语和英语都没能正规地学习。再加上冲绳岛的日语和日本本土的标准日语差别很大，甚至严重到另外有独立的电视台，我回到韩国后只能重新学习日语。因为学的不是本土日语，导致发音部位方面有很大的不同，弄得我一度对此非常抱怨。说来说去，最终不管是英语还是日语，我都只学会了简单的问候语。

实在要说和其他人有什么不同的地方，那便是从小我家每一个角落都充满着音乐。在我家，有两种声音永远不会停止——欧美流行音乐和广播声。那是因为母亲曾经特别喜欢欧美流行音乐。

母亲虽然不会说英语，但却很喜欢听欧美流行音乐，所以整天开着广播，放欧美流行音乐，还跟着哼唱。以前的欧美流行音乐书的乐谱下面都标有发音和释义,"I have a dream."只是按照"ai hai wu e zhui mu./ 我有一个梦。"这种形式做简单的标注而已。母亲经常照着这种常见的欧美流行音乐书唱给我们听。我记得每当母亲唱到副歌部分的时候,我都会跟着音乐一起唱。

我上高中的时候,周围有很多同学都喜欢听朴元雄、金基德、黄仁龙、金光涵等DJ主持的欧美音乐广播节目。估计像我这样从上幼儿园起就听着高中时期经常听的欧美流行音乐长大的孩子是很少见的。

值得一提的是,母亲在每年的圣诞节都会给我们用英语唱好几首圣诞歌。从小时候开始一直到我结婚之前,圣诞节一到,整个家里都会不停地流淌着圣诞歌的声音。

虽然并不能用原语民发音流畅地唱出这些英文歌,但和母亲一起大声唱歌的情景、当时家人幸福的笑声,以及欢快的音乐声,占据了我幼年时期最大的位置。

并不是说我借助欧美流行音乐就学出了多棒的英语,而是从小便养成了满怀信心地大声跟着学习模仿的习惯。就是这习惯让我打开了学习英语的关口,而我培养贤镇时也同样制造了这样的氛围。

从那之后,"大声喊"便成为了我平生的习惯。听说现今从幼儿园就开始背诵字母、学习音标,以前哪有这样的事情。和那个年代的孩子一样,我也是进入初中后,从14岁开始在学校里第一次学习字母的。对当时的我来说,在学校里学习英语非常开心。

特别是初中一年级的英语课上,老师放英语磁带给我们听,"I am Tom. You are Jane." "I am a student. You are a student, too."和班里同学

们一起像背九九乘法表一样大声背诵这些句子的那段时间,是那样开心和有趣。

问题始于初中二年级。随着语法的比重增加,英语开始变得没意思了。我从小就特别讨厌写字、分析长句子、背单词和语法,像无头苍蝇一样在完全不明白什么意思的情况下反复折腾、反复背诵,这种想法到现在也完全没有改变。而且从初中二年级开始语法也变难了,教材内容也变得越来越无趣!

那时候的突破口仍是欧美流行音乐。比起在学校里学习,我更喜欢回到家里一边听着音乐一边尝试分析歌词的意思,还会摘抄一些歌词,然后跟着大声唱……

习惯用这种方式学英语之后,其他科目也开始边朗读边学了。学社会、科学、历史时也都像背九九乘法表一样,出声背诵,甚至把嗓子都弄哑了。原本紧闭嘴巴、低着头安静地学习时怎么都学不进去,但变为像唱歌似的带着节奏感去读,甚至加入助兴词后,突然发现学习变成了一件有趣的事,无论什么都很容易牢记在心了。

没错,就是这样!高兴地背吧!

曾经从事进口外国影片和电影制作的父亲,一到有好的外国影片引进时,就带着我和姐姐去参加首映礼。有一天,父亲建议我尝试着翻译外国电影,说话的语气就像这并不是什么大事儿似的。因此我在初中时第一次翻译外国电影,真的花费了很多时间。

从那时起,我就开始经常看电影,竖起耳朵仔细听台词。不断地边看边听使得我不知不觉就开始张口跟着说台词。这就是我和其他人的不同之处。从跟着音乐学唱歌开始,我就养成了听到什么就马上用嘴再说出来的习惯。连"Juice Fresh 口香糖""Bravo 甜筒"的广告音乐都不放过。不管什么，只要听到了就一定张嘴跟着学，这是我最主要的特点。

学会像玩游戏一样享受学习语言的过程，不管什么都张嘴跟着学。这种习惯一旦养成，就是终生的财富。

妈妈是我的英语陪练

不管是以前还是现在，妈妈们最常说的就是这句话："我不怎么会英语，发音也不好……只能把孩子送到培训学校，我怎么能教孩子英语呢？"

一提到"妈妈牌英语"，以上这点是妈妈们误解最大的地方。其实所谓的"妈妈牌英语"，并不是说妈妈一定要多么擅长英语才能实现。不过，如果妈妈自身对英语厌恶至深的话，那确实就很困难了。只要妈妈怀有对英语的关注和最基本的热情，即使不擅长，即使有很多不足，那也完全有可能做到。

我想要再次强调的是，我的母亲也不擅长英语，只是母亲自身非常喜欢欧美流行音乐。而且母亲还特别爱看外国电影，父亲去世后，母亲也会独自一人去电影院看电影。现在母亲已年过花甲，但去电影院看好莱坞电影仍是她最喜爱的活动之一。

正因为母亲利用欧美音乐和电影让我很自然地接触到了英语，所以英语对于我来说绝不是要勉强去做的困难的"功课"。母亲当时的目的完全不是要教我们四兄妹英语，做早期英语教育。那时候单是养活一家子人就已经很困难了，根本不可能产生"早期英语教育"这个概念。纯粹只是因为母亲特别喜欢欧美音乐，一听到就来劲儿，所以就对我们说："这首歌真好听！你们也听听。"我有一个姐姐、一个妹妹，还有一个老幺弟弟，姐弟几个经常在家里一起哼唱有名的欧美歌曲，动不动就放着上世纪70年代的黑人爵士风迪斯科音乐，和母亲一起唧唧喳喳地跳舞玩闹。

而且，我跟着音乐唱歌的时候，母亲总是在一边夸我"唱得好，唱得好"，给我助兴。即使我唱得一般，发音也不太清楚，母亲也一直吹捧我、夸奖我。然后我就会更来劲儿，放开嗓子高声唱。

我遗传了母亲的这种习惯，现在也用同样的方法给我女儿助兴。

孩子即使唱得不太好，我还是会说："哦耶～赵贤镇真棒！完全像美国人唱得一样！"这样去极力地称赞，孩子就会不由自主地来兴致，从而更积极地跟唱。即使贤镇把"Jingle all the way"错唱成了"Jingou ao du bai"，我也不会直接说："这句唱错了，应该这么唱"，而是采取迂回的方式，先称赞："哦哦！很像！ all the way，这样唱会更棒吧？"

所以孩子只要唱得像一点儿，我就做出很兴奋的样子来制造气氛。

这样一来贤镇就会充满自信和快乐，更主动地大声模仿，完全就像小时候的我一样。

不要勉强去"要求"，而是要和孩子一起享受学习的过程，在过程中逐步激励孩子的自信。这就是"妈妈牌英语"的出发点和核心。只要做到这一点就完全可以了。

我开始上初中时，最高兴的事情便是能作为正式科目来学习英语了。但仅仅是学校的课程总觉得无法满足我的求知欲，考虑了很久最终决定偷偷到有名的成人英语培训学校报名参加了会话班。第一次去的时候做了一个水平测试，说我发音好，给了我一个2级水平的成绩。一周三次，每次一个小时，听课费每月12万韩元。

因为是成人培训学校，学员大部分都是大学生，只有一名外教，用一本会话教材讲课。但是第一次上课我就失望极了。和其他语言培训学校的会话班课程一样，也是讲师自己很投入地讲很长时间，然后学生们轮流着一人说一句的方式。这样一个小时下来，我自己真正能用英语说话的时间连5分钟都不到。一想到我为了听这种课竟然交了12万韩元的学费，就觉得特别来气。

我非常渴望多说几句，想更多时间地练习用英语对话，可是却办不到，嘴痒痒得要疯掉了。最后我还是回家去恳求妈妈了。

"妈妈，实在是不行了。妈妈，你不会英语也没关系，做我的搭档吧。"

就这样，我买来成人初级生活英语的磁带，和妈妈一起开始了对话练习。妈妈按照教材对我提出问题，我来回答，妈妈只需要确定我是否答对即可。举例来说，妈妈如果问："Where do you want to eat?（你想去哪吃饭？）"我就回答："I want to eat at the McDonald's.（我想去麦当劳吃。）"或"I want to eat at the restaurant.（我想去餐馆吃饭。）"以这种方式反复替换回答的部分。然后妈妈会一边说："我们来看看对不对吧"，一边放磁带来对照。这时候妈妈总是会夸奖我说："哦哦，很像，很好很好！"我用这种方法每天都和妈妈进行30分钟的会话练习。

大概我和妈妈的"妈妈牌英语"就是从那时候开始的。虽然妈妈并不太会英语，但作为我的陪练完全没有一点儿问题。

在施行"妈妈牌英语"的过程中，最重要的并不是指出并矫正孩子出错的地方，也不是主动去教授知识，妈妈的作用就是给孩子铺好一条路，让他可以尽情享受做主人公的快乐，给孩子助兴，激起他学习的兴致，不断地从正面激励，让孩子可以完全鼓起勇气。所以妈妈自身的英语水平不高也没关系。

"哇，我们××真棒！你可以做到！"有时，因为妈妈说出的这一句话，孩子的性格，甚至是终生的习惯都会变得不一样。并且这也左右着孩子的英语习惯。

这该死的韩国式英语学习！我绝不会这么教我的女儿

在学生时代，我就对韩国这种以升学考试为中心的英语学习方式有诸多不满和怨恨。英语原本非常有趣，只要形成习惯，终生都能乐在其中，可韩国的应试教育形式却硬生生地把英语弄得很无趣、容易腻烦。厌烦到让我从高中就开始咬牙切齿地说"我以后有了孩子绝对不会这么教他英语"的程度。

我完全是在享受欧美流行音乐的过程中打下了英语发音的基础，一步步矫正发音，从而冲破了脱口而出说英语之前的那道屏障。而在学校为了考试所进行的英语学习基本没有任何帮助。

音乐老师总是说："去听1000遍歌唱家唱的歌，然后去跟唱。唱着唱着你的歌唱实力就会不知不觉地提高。"虽然听起来不是什么了不起的言论，但这正是让我能够冲破屏障，说一口流利英语的方法。每首歌我都是听着音乐尽最大努力大声跟唱至少 100 次。英语？没有什么大不了的。不管是不是土生土长，想要练成标准发音的唯一方法就是多听多模仿。这样坚持下去，用不了多久就能从你口中发出美式发音。

初中去郊游的时候，英语老师听到我在同学们面前唱欧美歌曲，便单独把我叫到一边问我："你的发音真不错，是不是曾经在国外住过？"我故意夸口说："当然了，我在国外住过。"老师没有问我住过几年，我也没有说，可老师就凭他听到的我的英语发音就认定我的英语特别好。而我仅仅只是在家里听着欧美音乐学的发音。

第二天，英语老师带着我去了学校的录音室。那时我们学校被选为了英语听力考试示范学校，可当时的情况做不到找外国人来录音。英语老师正在发愁的时候正好听到了我的发音。因为是听力考试录音，所以没有很难的语句。只要把像 "Listen and choose the right answer. Number one..." 这样的句子模仿美国人的腔调读出来就可以了，可我就像是要作为配音演员出道一样得意扬扬。最有意思的是，所有人听了我的发音后都以为我真的是外国人。从那时开始，周围的朋友都叫我"出英语试题的同学"，而这件事也成为了我人生中划时代的转折点。心中充满了"我能说好英语"的自信心。

从高中开始，我彻底厌倦英语了。要背的单词和短语也变多了，学校还会发成堆的材料。我非常厌恶用这种完全填鸭式的方法学习英语，唯一喜欢的听力题在英语考试中所占的比重还不到 10%，这更让我失去了所有兴致。

在我苦陷于读解,对英语彻底失去兴趣的时候,让我眼前一亮的便是流行乐的世界了。当时正是杜兰杜兰乐队(Duran Duran)成员、惠特妮·休斯顿(Whitney Houston)、威猛乐队的乔治·迈克尔(George Michael)等歌手和波姬·小丝(Brooke Shields)、苏菲·玛索(Sophie Marceau)、菲比·凯茨(Phoebe Cates)等演员人气最高的时期。我总是和志趣相投的朋友们玩在一起,还担任了学校里威猛乐队的歌迷会会长。那时不像现在有网络,想要向朋友们传达乔治·迈克尔的消息的话,要去买美国《公告牌》(*Billboard*)或是与流行乐相关的杂志,读了原文之后翻译给其他人。

有句话叫做:"天才赢不过努力的人,努力的人赢不过享受的人。"因为努力的人很快就会疲倦,而享受的人却乐此不疲。那时的我几乎是发疯似的"享受"的人。

因为要翻译英语杂志的原文,从中找出"乔治·迈克尔到底是不是同性恋"的答案,第二天要马上告诉朋友们这个消息,所以即使妈妈不停地催我睡觉,我也一点儿不觉得困,常常看杂志一看就看到了凌晨。但流行乐杂志上会出现很多美国式俚语或是词典上都查不到的表达方式,有时候也会有实在理解不了的地方。一遇到这种情况,我就会跑到梨泰院那边,随便拦住一个美国人就开始问"喜欢流行乐吗?""知道威猛乐队吗?""这个部分是什么意思?""是说乔治·迈克尔怎么了?""gaydar(gaydar=gay+radar:同性恋者能够认出对方也是同性恋的能力)这个单词是什么意思?"把在这样的努力下翻译出的热乎乎的流行乐新闻亲自整理好,复印出来分发给歌迷会的朋友们,我几乎是发疯了似的完全投入在这些事中。

就在我充分享受着我爱极了的东西的同时,我的读解能力和词汇量也在不知不觉间猛增。曾经那么厌烦的读解也开始变得无比顺畅了。

实在是无法理解,明明英语可以这样有趣、开心地学习,为什么一定要按照学校应试教育的方法毫无趣味性地去学习呢?

那时候我对发音和口语都很有信心,几乎横扫了初高中英语口语全国竞赛的金奖。这纯粹是我大声跟唱欧美音乐和大声跟读电影台词的习惯给我带来的成绩。可是以语法、读解为主的学校考试成绩却不理想。在英语口语上比任何人都有自信,可每次考试的成绩都很惨。每到这时我总是很生气,心中的倔劲儿也一股脑都来了。所以就产生了如下的想法。

"以后我有了孩子,我绝不会让他在如此厌烦无趣的方式中学习英语!我绝不会这么教我的孩子。我会按照我的方法让他愉快地学习英语!"

现在,我碰到别的妈妈时都会这样再三嘱咐:**不要强迫孩子学英语,要和孩子的兴趣爱好结合起来。**

现今的韩国妈妈都以为必须要让孩子从小就开始学习像论述英语、科学英语这样复杂的课程才能提高孩子的实力。但不管是美国教材还是畅销教材,都不要被其他人的标准所干扰,最重要的是要找出自己孩子最喜欢的学习方式。仔细听听那些出类拔萃的英语神童的故事就会发现,他们有一个共同点,那就是他们大部分都喜欢听欧美音乐或看欧美电影。

我之所以不把英语学习当成功课来看,就是因为我在享受。和母亲一起享受欧美音乐，和父亲一起在办公室里享受欧美电影。初中的时候用随身听随时享受流行乐，高中的时候边享受流行乐和海外娱乐消息边学会了英语。大学时期学习日语和汉语的时候也是同样，虽然不懂是什么意思，但总是听着 X-Japan（日本著名的古典摇滚乐队）的歌、看着王祖贤和刘德华演的电影，反复地模仿。

　　我常想，如果什么时候我也成了妈妈，我一定要让我的孩子尝到这种"享受"的甜味。属于我自己的"妈妈牌英语"好像从很久以前就开始构想了，而且适用于世界上所有的孩子。因为没有一个孩子会讨厌这种一边玩一边享受快乐的学习方法。英语实力便是在这个时候开始爆发性地增长的。

"愉快的英语"是只有妈妈才能给孩子的最棒的礼物

我们全家曾经在移民到美国的一个亲戚家里住过一个月。正好附近的游泳场开设了教小孩子游泳的课程,我就把贤镇送去学习了。

这个课程就连我这样的成人都觉得非常有趣。一开始先是到浅水中,又是跳舞,又是玩球,又是玩抓人游戏,还把玩具扔在水里让孩子们去找。仔细一想,这么做的目的就是让孩子们了解水的阻力,使他们和水亲近,即使把鼻子浸在水中也不会感到害怕,从而令他们适应在水中的感觉。和韩国从一开始就把孩子扔到水里、抓住浮板训练漂的方式不同,在那里是先充分培养孩子的胳膊和腿的力量,用做游戏的方式让孩子熟悉水性。

贤镇在国内学习游泳的时候，非常害怕背着"乌龟壳"救生衣听教练呵斥，所以游泳也没学好。但是在这个地方她一点儿都不害怕，还觉得很开心。看着开心学游泳的贤镇，我不免会想，如果一开始就能这么愉快地学习该有多好。

英语也是同样。如果开始学习的时候很愉快，终生都会觉得愉快。但是看看现今的英语教育形式，却是慢慢向着从更小的时候就开始教授无趣的应试英语的趋势发展。

只要是我想到的"这么做应该会非常有趣"的方法，我都会去尝试。我的英语学习原则就是，一切以"寻找乐趣"为出发点。

想要翻译歌词的想法也是从小时候就产生的。

广告歌中的"'口香糖，还是乐天口香糖'怎么翻译好呢？Gum is Lotte gum？有点奇怪啊，'还是'该怎么翻译呢？""'12点见面哦，Bravo甜筒'又该怎么翻译呢？Let's meet at 12, Bravo cone？"

不管是电视上播放的广告歌，还是走路时看到的广告牌，只要是听到的或是看到的东西，我都会很好奇："那个换成英语应该怎么说呢？"

高中时期沉迷于流行乐也全是因为感兴趣。一到MBC FM广播"2点的约会，我是金基德"宣布"POP20"排行的那一天，我都会拜托妈妈帮忙录下来，就算第二天有考试，我也会熬夜坚持听到最后，紧张地等待宣布第二名和第一名的那一刻。晚上10点就开始听"李钟焕的夜晚的唱片"，边听边记歌词、跟唱，还自己尝试翻译，被感动得流泪……就这样一直到凌晨4点，又会被妈妈说一顿："炫英啊，明天就考试了，你打算什么时候学习啊！"比起考试，我是深深地陷入了语言学习的趣味中。

　　大学的时候我就觉得，如果把韩国的歌曲换成英语唱肯定会很有意思。比如，把歌手韩东俊的《我爱你》换成"I'm in love with you"，朴相民的《恳求》换成"Please"，实际上这可以算作是愉快的英语作文训练。语言学中最难的就是作文，因为在一篇作文中要集合语法、词汇量、逻辑力、表现力、起承转合等所有能力。不过，因为我对把韩文歌曲换成英语唱产生了好奇心，不断地去挑战，渐渐深陷其中，最后边听边跟唱翻译了不少歌曲。就这样我学会了享受原本很让人头疼的英语作文练习，也养成了每天练习的习惯。

　　其实，把简单的童谣翻译成英语的尝试在高中就开始了。那个时候我主要是从一些简短的歌曲着手，比如把《妈妈面前拍拍拍》翻译成"In front of mommy clap clap clap"，后来发展到为贤镇出了一本英语童谣书。

　　翻译文学性的表达方式和诗是语言学中最难的事情，歌词便是如此。人们可能会觉得可笑，"啊，不就是童谣吗，不就是一首歌吗"，但是翻译歌词既要符合节拍和韵律，更要动用所有脑细胞去找出有创意的表现手法，所以比一般翻译更难。

　　就这样，我把所有事情都和"享受"英语结合起来了。最简单的事情往往最有趣，这句话不无道理。我从小就是为了追求趣味而学习英语的，英语实力就像滚雪球一样越滚越大，后来便开始尝试英语口译。

　　大学一年级的时候，学校接到了选拔 MBC 国际歌谣节英语主持人的邀请函。那时我是学校口译协会的会员，和协会其他会员一起参加了面试。报名参加面试的有上百人，竞争很激烈，我年纪又小，所以并没有抱太大的希望。可是，面试中竟然出了关于流行乐的问题！说到流行乐，我绝对是了如指掌，所以大大发挥了一番。关于上世纪80年代传奇般的流行歌手"罗拉·布兰妮根"的问题一出，我就立刻回应道："哦！是罗拉·布兰妮根吗？"然后就非常兴奋地从她的个人档案开始，把我所知道的关于她的所有信息都讲了一遍。结果，年龄最小的我被选为了英语主持人。

我在为流行乐广播节目的海外歌手做口译时的心情，和高中时活跃于流行乐歌迷会时的心情一模一样。我不仅仅是做口译，更在口译的基础上动用自己所知道的全部流行乐知识为节目添砖加瓦，同时自己也乐在其中。

有一天，我突然收到了这样的提议："我看你挺有做节目的才能，要不要试试？"就这样，我在"2点的约会，我是金基德"中担任了名为"朴炫英的流行乐英语"的固定环节的主持人，也开始在"金光涵的流行乐"节目中工作。1988年汉城（即现在的首尔）奥运会的组织委员会听了我的节目后，邀请我担任了奥运会开幕式和闭幕式的英语主持人。

从某种角度来说，我作为英语节目主持人迈出了第一步，而不是英语老师。从那时开始我便一直不断地从事各种工作，一直到25岁左右，随着CBS FM的开播，我担任了"朴炫英的音乐网"的DJ，紧接着第二年就接手了SBS FM"朴炫英的音乐热线"的DJ工作。

无论做什么都懂得享受的人，就会在既有的基础上以惊人的速度不断前进。不管是20岁时做英语主持人和同声翻译员，还是做流行音乐节目，都是我从小就有的爱好的延伸。无论是身体还是嘴巴，都早已得到了充分锻炼。

最初以"享乐"和"趣味"为前提做基础训练的孩子，之后无论学习多难的东西都不会觉得很吃力，都能坚持下去。如果一个人初学游泳的时候，在一点儿基础都没有的情况下就让其下水游，会有什么结果呢？虽然他可能会努力跟着学，但很快就会厌烦，觉得太吃力，从而彻底失去对游泳的兴趣。相反，如果先让他在水里玩，以游戏的方式培养四肢的力量，那么他终生都会在游泳中寻找到乐趣。

现在几乎所有父母都在施行早期英语教育，但 99.9% 都是以学校功课和应试内容为主。以这种形式学习英语的孩子，终生都会觉得英语是毫无趣味可言的包袱。

这就好比是从小父母就有计划地给你找好了另一半，说："你和这孩子结婚吧。"就算讨厌这个女孩儿，你也要一辈子和她一起生活的心情一样。相反，如果是一见钟情，觉得每天和这个女孩见面是非常幸福的，慢慢地积累了感情和友情，就能很愉快地一辈子在一起。

不喜欢却被硬生生地绑在一起，因为真心喜欢而过一辈子，两者存在着巨大的差异。英语也是同样的道理。当作任务必须学习的英语和自身喜欢主动学习的英语，两者也相差十万八千里。

和既有的教育制度毫无关系，我是从小开心地学英语并有所收获的，我希望贤镇也能像我一样，学习"开心的语言学"。

这种做法的结果就是，贤镇的英语、日语、汉语都学得很好，不管是小时候还是现在，她始终非常喜欢这种像做游戏一样的学习方式。看到一些舆论或是杂志把贤镇描述得像是语言学神童一样，我真有些不好意思。贤镇会说几国语言的事在电视节目中播出后，妈妈们都被吸引了,但贤镇还远远算不上是神童,只是12年间和我一起流汗努力的成果显现出来罢了。除会话之外,贤镇的学校考试成绩反而很落后,我也很担心听到别人说:"不说是神童吗?怎么成绩这样?"

但是,现在最让我担心的还不是学校的考试成绩,而是贤镇会不会因为韩国式的应试英语学习方式而失去最初的乐趣。因为我相信,只要我尽心尽力让孩子能够快乐学英语,今后不论是什么事,孩子都能用自己的力量做到。

我只是单纯地希望,贤镇今后不论做什么工作都能很开心地运用英语。如果去国外旅行,不管到哪里都因为语言交流无障碍而能够自由行走,想吃什么都能很方便地买着吃,这样就可以了。从她小时候开始我从没有硬逼她学英语,而是尽量让她玩得开心,不想给她太多压力。

我一直坚定不移地相信,即使是每月学习1句,一年学习12句,只要不贪心一直坚持下去,总有一天,孩子的英语、日语、汉语都能说得很流畅。开始时我只抱着一个信念,那就是让孩子能够快乐地学习,每天给她创造四国语言的环境就可以了。

记不起具体是什么时候,欧洲的流行乐明星们做客我的广播节目时,我经常能听到他们相互之间用英语说着说着就变成了瑞士语,然后又变成意大利语,一会儿又变成希腊语,自由转换。

欧洲人会五国语言或八国语言是很常见的事。他们并不像韩国学生那样去培训班学习,也没有花费巨额资金找私人家教,而是从出生起,父母就用八国语言说话,电视中也有八国语言的节目,所以这些语言都是像母语一样自然习得的。而且在学校里主要学习的也是口语,所以就能够很流畅地对话。

但他们并不是用很难的词汇和复杂的句子去交流,而是用相当于小学生水准的简单词汇说出了八国语言。我所期盼的就是这个。

我想对韩国的妈妈们说这样一句话:"只要不贪心就能做到。"不要犯韩国式的"学习进度"的毛病,总想着"今天教'yes',明天教'no',后天得教'I don't want'",只要下定决心这一个月都只教"yes",所有妈妈最终都能成功。

现今在各种书籍或亲子教育门户网站上都流行说"我家孩子读完了《哈利·波特》""我家孩子学完了××系列"这样的话,然后所有人都以为得跟上这个脚步。

但是,有几个孩子能够读完这些书之后,将里面的句子完全理解,从而变成自己的东西从口中流畅地说出来呢?虽然也有那种因为能够跟上紧张的进度而感到有成就感的孩子,但他们学得开心吗?大部分妈妈都会觉得"这个实在是跟不上",于是内心感到怀疑和迷茫。

听说别家孩子因为学会了什么而成功了,所以也让自己的孩子必须照办,这种教英语的方式一定会失败。我们必须给这些刚开始接触英语且终生都要持续学英语的孩子创造一个可以愉快学习的环境。否则,如果孩子自己感觉到困难、负担的话,就已经是失败的学习了。

学习语言学的方式是"适合自己孩子"的才是最好的。同样是9岁的孩子,可能有的孩子的学习只重视成为上游0.1%的应试英语,而有的孩子像贤镇这样口语很好,但学校考试成绩却很差,也可能有的孩子则是完全讨厌英语。但是,只要从小给孩子铺好路,每个孩子都能一辈子开开心心地学英语。能给孩子这个礼物的人只有妈妈。

"朴炫英也会犯的"实践错误，以及从中得到的觉悟

怀贤镇的时候，我自行做了声音胎教。我1997年结婚，1998年怀孕，1999年8月23日生下了贤镇。怀孕的时候曾想过暂停做节目，但我当时深深陷入做节目的趣味中，而且肚子里的孩子又特别小，不太能看出是怀孕了，所以就决定一直做下去。

那时我每天早上6点主持MBC FM "跟朴炫英一起学英语"，又正是写《儿童英语童谣》（Kids Singlish）这本书的时期，所以广播结束之后到中午之前都会进行音频CD的录制工作。吃了午饭，稍微休息一会儿，下午还要录制《TV幼儿园》节目。

录制《TV幼儿园》节目时，我要一边用高音调喊着"Hi,

everyone!"一边跳舞唱歌,早上的广播节目里也要高声喊"Hello!"贤镇在我肚子里自然就一直在听妈妈激情喊出的英语。不知道是不是因为这个原因,从5个月开始有胎动之后,每当录节目,一到我热情地唱歌或大声说话,都会感觉到肚子中的宝宝用大得吓人的力量踢我的肚子。贤镇还在娘胎中时就每天会听9个小时妈妈大声说的英语,很自然这就成为了对她的英语胎教。

我一直心潮澎湃地预想着等贤镇生出来要为她做这个,做那个。可到了真正成为妈妈后,我也像其他妈妈那样出过很多失误,犯过很多实践错误。

第一,别人都说好的书、传得沸沸扬扬的畅销教材、定价很贵的全集,绝不是最正确的选择。

那时候我买过一套当时最有名的幼儿用英语教材全集,没过多长时间就摇头觉得"好像不太对"。

在那个教材的广告中,妈妈问:"What's this?"孩子回答:"Apple."并且会安安静静地坐着看学习卡。另外,广告中所有孩子都能和妈妈一起学英语,而现实中却完全不同。经常会出现孩子把学习卡"嘎吱嘎吱"地撕破嚼碎,在教材上随便涂颜色,甚至是看都不看一眼,只会吮手指头。花大价钱买来的书最后都被用来垫锅底了。和我玩躲猫猫游戏时孩子就会集中精神,但对那种书一点儿都不感兴趣,也不会机械式地跟着学。

作为一个正常的孩子,贤镇会注意力不集中坐不住,其他孩子也一定会出现同样的情况。我这才有所醒悟:"原来没有一个孩子能够像广告里那样安安静静地坐着,像机器人一样跟着学习。这只不过是一些营销手段罢了。那些说孩子能跟着学的妈妈的话大部分都是夸大之词啊!"

从那时开始,无论是市场上被炒得很热的著名教材,还是那些说"我的孩子就是这样培养的"的书,我都会扔开。儿童图画书也一样。那些获得凯迪克大奖(The Caldecott Medal,每年夏天美国图书馆学会授予本年度最优秀图画书的作者的文学奖,是美国最具权威的绘本奖)的作品,或是国外畅销书,韩国妈妈们都跟风抢着购买,但对我来说,这些书理解起来很困难,孩子也会不感兴趣。当然,这些书都是很优秀的。

但是,和得到了权威奖项或是别人都在看等因素无关,关键是能让我的孩子感兴趣的书并不是这些。贤镇喜欢有鲜明的颜色和亮丽的图画的书。所以,完全没有必要耳根软到跟着别人说好的东西跑。

第二，试图强迫幼儿期的孩子学习单词也是我刚开始时犯下的错误之一。

试图教贤镇字母，让她坐在对面一遍遍问："这是什么？再试一次。"结果贤镇总是很厌烦地跑开，让我觉得她和英语越来越遥远了。让她看学习卡的时候，一边说"啊！Lion!"一边闹着玩的方式反而记得更快。如果我教贤镇"What's this?""This is Lion."这样公式化的句子，她就开始厌烦。真觉得再这样下去会出大事儿。

绝不能盲目地相信学习卡，要让孩子能够亲自看到、摸到、感受到新事物。除非是和孩子的日常生活密切相关的、很鲜明地就能看到的、眼睛和耳朵都习惯接受的东西，否则孩子绝不会像模范生一样跟着学习。

打个比方，教"wood"这个单词，要让孩子在实际中触摸到木材才行，如果只是拿那么一张木材的图片教孩子说这是"wood"，孩子怎么能理解呢？对连动物园都没去过的孩子来说，如果只是用平面图来告诉他，这是狮子这是老虎，这样的行为是完全没有意义的，他只对自己每天晚上抱着睡觉的毛绒兔子感兴趣。不管再怎么用图画教一个5岁的孩子"kite"，如果孩子从未和爸爸妈妈一起在汉江边上放过风筝，怎么会对风筝的照片有反应呢？我这才明白，这些和孩子完全没有关系的东西，就算拿着会话书和学习卡反复教，从孩子的立场来看，是一点儿都不感兴趣，看都不想看一眼的。

我也懂得了，孩子每天所做的事无非就是吃喝拉撒，洗澡睡觉，要在这些和孩子密切相关的事情上植入英语，孩子才可能产生兴趣，如果硬要教和他们毫无关系的单词，他们就会厌烦。

第三，我曾经不知道，视频和音频是可以等到孩子长大后再让她看和听的。

我给贤镇播放非常畅销的幼儿用学习视频的时候，她完全不看画面，对视频中的声音一点儿也不关心，总是抓着我的腿舔我的膝盖。"因为视频中夹有很多孩子现在听不懂的话，所以她不愿意看啊！仅仅只是看着画面上的主人公不断张嘴闭嘴而已，完全没有效果呢。"我这才意识到这种东西以后再让她看也不晚。

小时候完全不感兴趣的幼儿用视频，后来到了小学二三年级，贤镇才觉得非常有意思，看的时候精神高度集中。因为这个时候她听到的都是自己知道的单词，可以完全听懂并理解每一句话的意思。

当时非常流行的"Bedtime Story"磁带，我也会在每天晚上准备睡觉的时候放给贤镇听，但她完全没有侧耳倾听，甚至哭闹着不想听，或是不停地打岔只想着和我玩。

动物虽不识字，但是会用声音进行沟通。妈妈和孩子最开始也是以声音来沟通交流的，比如，妈妈只要听到自己孩子的哭声就能分辨出孩子是饿了还是拉了，所以孩子理所当然地会对自己熟悉和亲近的声音有所反应。

可是突然让只会说"肚子饿了""我要吃饭""不要"这3句话的孩子去听从没听过的机械音，而且还是用外语说着"Lion"做了什么，灰姑娘又如何如何的台词，孩子自然理解不了。

孩子在不明白是什么意思的情况下听到的声音都只不过是一种噪音而已。我连这个都不知道，还让贤镇看各种幼儿用视频、听各种CD，这就是实践错误。这也是所有妈妈到现在还在犯的错误之一。

英语童谣并不是单纯用来听的，其目的是用来跟着学习的。但我最开始的时候也不知道这个道理，以为只要整天让孩子听，孩子就能自然地跟着学。后来我才真正醒悟到，如果我不在孩子面前一边做动作一边解说，告诉孩子童谣的意思的话，孩子是绝不会主动跟着学习的。

从此我懂得了，孩子小的时候对那些大家都说好的教材、昂贵的学习视频或音频都不会感兴趣，仅仅对妈妈的声音有反应。所以从那时起，我就决定把所有书、教材、视频、DVD全部收起来。

在2周岁之前
请不要让孩子看视频!

美国儿童科学会表明,在出生后24个月之内不能让孩子看电视。这是因为孩子会患上"视频症候群"。

所谓"视频症候群",是指长时间看视频或电视画面时产生的症状,观察一下当时的孩子便能发现,他们半张着嘴,眼睛一动不动,听不到外部的声音。在这个时候如果你去关视频的话,孩子就会耍赖不让关。接下来孩子就会慢慢变得不喜欢和父母交流,两眼总是紧盯着画面。如果情况再恶化的话,就会出现"类自闭症"的症状,并开始说话不流畅。所以,在孩子出生后24个月之内最好不要让他看电视或视频。

如果想要孩子通过观看视频来起到学习语言的效果的话,无论是母语还是英语,视频中出现的单词在某种程度上要能听懂才行。有很多妈妈觉得幼儿学习视频很简单,孩子应该都能听懂,所以放给孩子听。但是我们细想一下就能知道,对于一个刚刚接触这个世界,正在慢慢熟悉家里的各种物件的孩子,再简单的幼儿用视频所包含的词汇量也会比孩子已经学会的要多很多,对孩子来说还是太难了。

对2周岁之前的孩子而言,坐下来安静地看视频并不是因为他们能够听懂里面说了什么,而仅仅是对刺激性的画面或声音作出的反应。不懂什么意思单纯看视频画面对孩子来说,只是单方面地灌输了机械音和画面而已。

"把××全搞定了"全都是胡言乱语

在某幼儿门户网站作专题讲座的工作让我有机会和在那里慢慢熟悉起来的妈妈们结成了亲子互助关系。我们经常用邮件或电话相互联系，聊聊在教孩子英语的时候他们都有什么反应，这让我能够接触到第一手的新鲜实例。

因为贤镇，我开始研究幼儿英语、育儿英语，基本上有点儿名气的书我都浏览过。但是，在某本英语早教书上我竟然看到，让妈妈教孩子说这种又长又格式化的句子："Would you put this paper in the waste basket?（你把这张纸扔进垃圾桶好吗？）"给孩子换尿布的时候也让说："Let's put some baby powder on your buttock.（让我在你屁股上擦点婴儿粉。）"我看了之后实在是哭笑不得，于是全都换成了我自己的表达方式。

"擦擦，擦擦，擦擦！""Wipe up, wipe up!"多简单啊！

正是因为妈妈们总是看到这些充满高难度表达方式的书，所以才形成了儿童早教英语就应该这么难的印象。不仅是这样，那些网上的明星讲师或声称自己在幼儿英语上已经成功的妈妈们的故事，更是让我啼笑皆非。

有说自己孩子在小学一年级的时候就读完了《哈利·波特》的原版书，感动落泪的；有说自己孩子2岁时就学完了字母和音标的；有说自己孩子在幼儿园因为只说英语而被排挤的……甚至竟然说自己1岁的孩子看了《华特·迪士尼》觉得很有趣，真不知道那位妈妈在说这句话之前究竟知不知道这是多难的事？看来那些孩子都是天才。

有太多的妈妈因为自己的孩子做不到这些事而焦急和担心。

进入一个在妈妈们当中很有名的早期英语教育网站可以看到，有很多出类拔萃的妈妈在分享和上传自己对早教英语的意见和经验之谈。但人们都只是仰望着那些把孩子培养成天才的妈妈们的故事，却不愿去听听那些还在彷徨的妈妈们的说法。"我家孩子是这么这么教的，能把《哈利·波特》都看完了。""我是这么这么教的，我家孩子能读英语报纸了。"等等这些，看起来好像是孩子的英语实力很强，大家就都以为是正道，是既定做法，全部一窝蜂地跟上。

那些说子女在小学低年级阶段（一年级至三年级）就能熟练阅读《哈利·波特》的妈妈，究竟在说这样的话之前，有没有真真正正地了解过这本书中的词汇有多难？事实上，在美国还出版了名为《哈利·波特英语词典》的书，我国也翻译出版了。作者埃里克·兰德尔是《时代周刊》《华盛顿邮报》《新闻周刊》的新闻记者，他在给自己的女儿读《哈利·波特》时，发现有太多他自己也不明白的词汇，才开始执笔写这本书的。我在看《哈利·波特》的时候也觉得有太多难以理解的词汇，难道说我国的某些妈妈和孩子比美国作者的英语实力还突出，能把整个系列都看完？而看不懂的孩子就落后了吗？

如果有坦率的妈妈拿出勇气跟帖说："我家孩子做不到您家孩子那样。"其他妈妈就会一股脑儿地跑来评论，吓唬那位妈妈说那是你的方法有误，如果再不像我们一样加快速度，你家孩子就会落后。随便定一个毫无根据的进度计划表，制造出不照着做就会落后的紧张氛围。

但是，我们试想一下，所有这些会不会只是妈妈们的虚张声势呢？韩国妈妈都以为自己是狐狸，而事实上是不是"傻瓜狐狸"呢？

听着那些和我结成互助关系的妈妈们的故事，我发现一个现象，那就是很多妈妈面临着同一个难题——即使按照著名作者或讲师所教的方法去做，自己的孩子还是不爱学。相反，如果让孩子读一些符合他们水平的简单一些的书，或是给他们看一些低水平的视频，反倒更有效果。并不是说能用又长又难的句子说话就一定是优秀的，也不是说学习难度高的教材就一定是好事情。

所有孩子都是一样的。不管是美国、韩国还是法国，只要是4岁大的孩子，都同样只会吃喝拉撒和吮手指。但为什么唯独韩国的孩子要成为天才，要比别人提前好几年就开始学习呢？

教贤镇英语的时候，事实上一直到四五岁，主要学习的都只有游戏英语、游乐园英语和英语童谣而已。5岁之前，都是以游戏为载体进行学习的时期。

我一直有一个愿望，那就是如果有一天我能够出一本自己的书，我一定要告诉世人，韩国所有孩子都是一样的。同样是3岁大的孩子，不论是上学费几百万的英语幼儿园的江南富家子女，还是在市场上卖汤饭的贫穷家庭的子女，没什么不同。在语言学领域，世上并不存在天才儿童，没有必要被别人的说法迷惑，觉得只有自己的孩子落后了，而总是焦躁不安。

那么，游戏英语和英语童谣应该怎么学习呢？我开始研究比单纯放磁带听更有效的方法。但是，每次出去做演讲的时候，我总被认为是一个和时代逆行的人。有一部分妈妈甚至不屑一顾地说："我家孩子水平高，不需要学那些。"

但我还是认为，婴儿时期就应该通过游戏来学习，幼儿园时期用歌曲学，再接着就借助妈妈绘声绘色讲给孩子听的有趣的英语童话书。依照孩子的天性循序渐进，让孩子能够度过一个完整的童年。如果不是所有的孩子都要去外国语高中或美国八大名校的话，我认为没有必要提前三四年去学习高难度的英语。

有很多孩子就是因为被妈妈用应试教育的模式强迫学习英语，进入大学之后就变得非常讨厌英语，看都不想看一眼。那些以进入外国语初高中、美国八大名校为目标的江南小学生，大多数都是从小就开始每天背500个单词，在培训学校接受考试，如果跟不上培训学校的进度就请家教在家里继续补习。用这种方式学习是肯定不会享受英语的。

在贤镇的印象里，英语是快乐的。我的目标就是"让我的孩子成为享受英语的人"，并且能真正流畅地和外国人交流。我作为妈妈的任务就是，领着孩子迈出流畅说英语的第一步。这个基础打好之后，如果需要的话，可以学习一些应试英语作为补充。但是我反对从小就让孩子沉浸于应试英语中。

学语言这件事情，根据每个孩子性格的不同、年龄段的不同，学习进度都不一样。即使是同样大的孩子用同样的方法学习相同的内容，也会出现"对我家孩子不合适""我家孩子不跟着学"等不同的效果。

曾经有一次，周围人对我说："你家孩子太特殊了。"贤镇4岁的时候，有人向我推荐同龄孩子都在学的著名英语阅读教材，我说："贤镇觉得这个太难了。"对方竟然对我说："你家孩子落后太多了，是不是有点儿过于偏重口语了？"但我从来不觉得贤镇哪里不对劲儿。

真正在美国也没有哪个妈妈把4岁大的孩子按坐在书桌前教他认字、阅读。连把英语作为母语使用的美国都没有这种情况，而我国99%的妈妈都被卷入早期英语教育的狂风中，把像我这种不教4岁孩子阅读和书写的妈妈当成"奇怪的妈妈"，我简直要疯了。

打个比方，这就像是世界上的左撇子突然变多了，就开始批判一直好好地正常惯用右手的人，把这些人都当成傻瓜一样。

不过，不知道从什么时候开始，我在演讲中略微提到这些想法时，妈妈们纷纷同意我的说法，并表示深有同感，然后就开始像在教堂做礼拜一样把她们真实的想法全部说了出来。各种苦恼一股脑儿地和盘托出。"我家孩子一开始跟得好好的，突然就不学了""我家孩子4岁上英语幼儿园的时候,大家都说他是天才,可到了7岁突然觉得英语难了"……

这绝对不是孩子的问题。孩子的智力在7岁的水平,但培训学校里强制学习的大部分内容都过难,不是正常水平。单纯只是为了像模范生一样紧追他人的脚步,长时间在重压之下学习,某一天达到孩子的极限罢了。

我常对贤镇说:"你呀,得多谢你有真正小孩子的样子。"贤镇为什么不能像其他孩子那样紧跟所有人的脚步呢?为什么不能像其他孩子那样服服帖帖地卖力学习呢?我有时也会有这样的想法。

但是,即使孩子非常听话卖力追赶,也不能确信他是在快乐地学习。而那些淘气不听话、注意力散漫又固执的孩子,也不一定英语就差。听到妈妈说"我们来学这个吧"就逃跑、耍赖不想学的孩子多得数不清。但即使是这样的孩子,只要妈妈耐心哄着,把英语渗透到孩子喜欢的东西里去,英语成绩一下提高很多的情况也多得是。

某些妈妈会炫耀说自家孩子"搞定"了一套50本的英语童话书。动不动就会听到说"搞定"了什么书、什么教材。虽然妈妈们不太明白到底"搞定"了什么,反正都忙着列举自己可炫耀的东西。

每次听到这样的声音我都免不了会担心:"为什么我的孩子就做不到呢?别的孩子都把那些书'搞定'了,正在学习更难的书,我的孩子为什么这么落后呢?"

举例来说。如果有一套50本的幼儿用童话书,贤镇从来没有50本全都喜欢的时候。就算再喜欢,最多也就是50本中的不到15本,其他都会被贤镇冷落。总是拿着读过很多次的书,"再读一遍,再读一遍"地缠着我让我给她读,就算我跟她说"贤镇啊,也看看其他的书,学学其他的单词吧"也毫无用处。

　　我觉着"哎呀，其他 35 本的钱都白花了"，所以总是尽自己最大的能力把她不喜欢的书读得更有趣一些，可孩子的表情早就僵了。如果问她为什么，她只会说就是不喜欢。很奇怪的是，贤镇讨厌的都是那些主人公挨骂挨打或是孩子把妈妈弄丢的故事。只要是她不喜欢的，瞄都不瞄一眼。

　　这种情况严重到我都开始担心"这孩子是不是有点傻乎乎的"，后来才知道这才是孩子真正的样子。孩子不喜欢的东西以后大一些了再学也是可以的，没有必要非得强迫他去学他毫不关心的、甚至很排斥的东西。从那时起，我就大胆决定，只要是贤镇不喜欢的都不强迫她学。

　　所以，观察孩子是不是真正在开心地学习很重要。这个时期的孩子，如果看书的时候咯咯地笑，那这本书就是好书，就是正确的学习之路。别人家孩子说的"搞定"这个"搞定"那个，时间久了再回头看，根本都是假象。

"贤镇妈妈，你家孩子落后太多了！"

贤镇8岁开始学习写英语字母，汉语和日语的基本字也是从9岁才开始学写的。别人家的孩子都是在幼儿园的时候就学完了英语字母，已经开始看英语童话的年龄，而贤镇才第一次学写英语字母。因为我坚信，只要会说了，英语字母慢慢学也能很快就跟上。当然升小学英语考试的时候，贤镇的分数一塌糊涂，所以也挨过好几次骂。

贤镇8岁的时候，我家附近有一家都是在外国生活过的孩子上的培训学校，我们去报名，学校就让我们交一笔昂贵的费用，参加入学考试。8岁孩子的考卷上竟出了非常难的解读问题，贤镇连英语字母都不太认得，成绩当然很不好。

看了贤镇的试卷,培训学校的老师对我说:"这位家长,你孩子现在落后太多了。我们学校里成绩最差的学生也比这孩子强多了。"

我有些不高兴,就说:"别人用英语说的话我家贤镇都能听懂,而且说得很流利,学英语的时候很兴奋、很开心。"

听了我的话之后,对方用嘲笑的口吻说"这都不是重要的"。意思是如果贤镇真的进去学习的话,肯定跟不上学校的进度。

我们母女俩几乎是被赶出来的,孩子眼里还含着眼泪。那是9月的一天,凉飕飕的秋雨下得很大。

我紧紧拉着孩子的手对她说:"贤镇啊,天空用英语怎么说?"

"天空?sky。"

"那'雨下得很大'呢?"

"It's raining hard."

"哇,贤镇,你太棒啦!天啊,你都成英语同声翻译员啦!妈妈14岁才开始学字母,将来你肯定会成为比我还有名的大明星!"

孩子这才有了一点儿笑容。既然已经张口,就索性说得更夸张一些,给孩子打打气。

"OK!没关系,贤镇啊,你没落后,那个培训学校才是笨蛋呢,都看不出你的能力。在那个培训学校学习的孩子都只擅长读和写,说得不如你。口语才是最重要的。妈妈14岁学写字母,但不论是妈妈还是班里倒数第一名同学,一年之后都会写了。写字从14岁开始学也可以,但是口语现在不学不行。我们不羡慕那个培训学校的孩子,我们不上那种破培训学校了,和妈妈在家里学习吧,妈妈会更有趣地教你!"

那个时候,我家附近4个培训学校都拒绝接收贤镇。因为入学考试只考笔试不考口语。

周围人一听说我在贤镇8岁时才开始教她写字母，都用奇怪的眼神看我。其实，贤镇熟记字母和学习音标只用了一两个月的时间。开始先不写，只是让眼睛去熟悉那些字母，比如教她字母"O"的时候，我用上了家里的盘子、手环等所有圆形的东西。学完26个英语字母之后，贤镇就如泛滥的池水一般开始大范围地哗啦啦地读书。因为话都已经会说了，所以认字就变得非常简单。

即使比其他孩子晚了很长时间才开始学习字母，但贤镇最初也没能在写字中找到乐趣。所以这次也是和游戏结合在了一起。我对贤镇说："来，和妈妈一起做游戏吧！"我让贤镇把大写英语字母A、B、C写在便签纸上，然后贴到冰箱上；我还买来印有英语字母的贴纸，用这周贴A、下周贴B的形式，让贤镇亲手贴在我的手机或其他物品上。就这样像做游戏一样将英语字母逐个熟记。

在完全掌握了字母之后，我开始教贤镇学音标。把市面上买来的学习音标的书配上节奏，像唱歌一样教她。把这些全部学完一共花了不到2个月的时间。

从那个时候开始，贤镇觉得非常神奇，连喊"哇！"举个例子，只会说的时候，贤镇已经知道"map"是地图的意思，但她并不会把"m""a""p"3个字母连起来读，一旦她找到感觉知道该怎么连读，就开始感叹："咦，map？妈妈，这不是地图嘛！"

在已经会说的情况下学习认字，就会加速前进，紧接着马上攻破阅读关，开始以飞快的速度读书。虽然贤镇比其他孩子

晚了很久才学习字母，但没用多长时间就都熟记了。 其实，这和学韩语的方法并无二致。

现今都是从幼儿园就开始教孩子写韩文，但我们那时候不是从7岁上小学才开始学习"ㄱ、ㄴ"（韩语辅音）和"ㅏ、ㅑ、ㅓ、ㅕ"（韩语元音）吗？就算不会韩文，但说话一点儿障碍都没有。比如我们在7岁之前就已经知道"泡菜"怎么说，但却不会拼、不会写。8岁上学学了拼写之后才明白："啊，是'泡菜'！"虽然8岁才开始学习读和写，但一旦学会，读书就会毫无障碍，用韩文读和写完全没有问题。

英语也是同样的道理。但是所有妈妈都深陷于急躁症中，早早地就把书送到孩子手中，让孩子快速学习单词和句子分析。因为别的孩子都上英语幼儿园，就认为自己孩子也必须和其他人一样。正常来说，母语要比外语先学习，而现在却要求外语和母语保持同步，做不到的话就说是"落后了"。

我国的早期英语教育已经施行了将近10年。但在这一点上，我国并没有发展成为强国。10年期间，我国孩子的读解能力有了巨大的提升，但口语能力却还是原地踏步。理由很简单，因为现在只不过是把40年前的英语教育方法照搬到了幼儿园去强制学习而已。

对比贤镇现在的英语学习法和我与丈夫之前的英语学习法，发现两者几乎是完全相同的。我丈夫看到贤镇学校的英语作业之后不停地咋舌。

"哎哟，怎么能和我们上学那时候完全相同呢？还是在背单词、背短语、学习语法。"

如今，我国孩子在学习英语时还是以语法、读解为主，痛苦地背着单词，忙着考试。当然比起以前，现在的早期英语教育有了很大的发展，儿童英语培训学校和会话书也有了质的飞跃。这样的话，小学就应该加大会话的比重，教学方式也应该有所变化才对。但现在还是进了小学之后，一下就变成了应试英语。只要这个环境不改变，我国的英语教育还是和40年前没什么区别。

一旦让孩子先学习字母，孩子的嘴就会闭上。 我就是因为这个才坚持在贤镇8岁时教她字母的。先考虑怎么教才能让孩子学好字母是不对的。大家都说在教幼儿学字母"O"的时候，让孩子看盘子的样子，然后教孩子念"哦、哦、哦"，但这个时期背字母并不是重要的。学字母是为了读书，给学前孩子看那些简单或者幼稚的书就可以了。**那些有难度的书可以等到孩子长大了，有了一定认知能力后再看也不晚。**

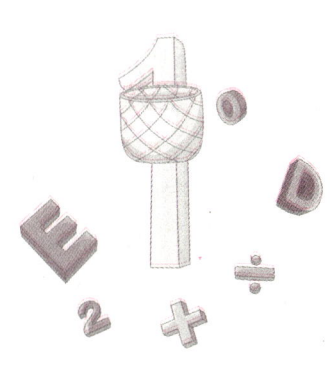

这只是方法论的问题而已。我们那时候从14岁开始学习英语字母，只要努力，到了高中都能读、能写。但现在的韩国妈妈把这些东西至少提前了10年让孩子去学，孩子自然学得非常辛苦。

贤镇的外号是"不学习的孩子"。有一次，贤镇在幼儿园里的几个好朋友到家里来玩，因为第二天就是英语考试，所以孩子们都在背考试范围内的英语单词，只有贤镇自己在开心地边吃爆米花边看视频。小伙伴们担心地问贤镇："你不学习吗？"虽然贤镇看起来像是不知世间万苦的样子，但事实上一直在心里吟诵着英语视频中出现的单词。

11岁本该是在玩闹中开心地度过每一天的年龄，看着其他孩子痛苦地背着父母这一代上高中时才学的单词，我觉得特别可怜。

如果把贤镇现在在家和我看的书给其他妈妈看，有很多妈妈会瞟一眼说："太简单了。我家孩子早就把这个学完了。"每当这时候我都会再问一句："那您家孩子会用英语把这里面的所有句子都说出来吗？"

事实上，小学二年级的"小鼻涕虫们"说的话都是生活中经常用到的简单对话。妈妈们总觉得这些太简单了，但如果真正对孩子说："试着用英语说一下吧？"结果就有得看了。

让一些孩子用英语说"我吃学校食堂的饭"，结果他们会很犹豫地吱吱唔唔道"嗯……I, 嗯……"再让他们用英语说"我吃米饭吃烦了"，又是犹豫半天之后说"I don't like..."不是"don't like"，而应该马上说出"tired of"才对，但他们就是想不起来。

虽然看的时候觉得是很简单的话，但真正让孩子说却说不出来。那些从小在培训学校里接受读解训练的孩子虽然知道很多高难度的单词，但他们能把这些单词有自信地说出来吗？完全说不出来。

有很多孩子勉勉强强才能说出几句难度很低的英语，并没有包含培训学校里学到的那些高难度的词汇。这就说明从孩子口中说出来的这些词汇才是符合孩子水准的。到头来，那些提前好几年学习的英文单词，孩子拼命背下来却只能用在读解题上，而在实际生活中却不能像九九乘法表那样灵活运用。

所有的孩子，包括比别人提前学习的孩子和落后的孩子，他们所input（输入、储存、默记到大脑中）和output（用嘴说出）妈妈们觉得简单的内容，和他们在实际生活中能表达出来的英文水平，这两者之间的悬殊正是我国早期英语教育面临的冷峻而严酷的现实。

妈妈的作用是培养孩子的说话习惯

我非常熟识的一位首尔大学教授曾经说过这样的话:"我们系的学生是韩国一流的人才,连美国的《时代周刊》都能一目十行。但我用英语讲课的时候,他们都不敢跟我对视,全部紧闭着嘴巴。"

不久前,我看到一则有趣的报道:"据调查,从韩国外语高中考入常春藤学校的47%的学生悄声无息地返回了韩国。原因是,美国大学的课程一半以上是深层讨论,而韩国学生的口语和讨论水平无论如何也无法同美国学生相比。不管怎么把书倒背如流,一句'不要说教材内容,说你自己的想法'就能令他们哑口无言。"不仅如此,据说,曾以考入常春藤学校而成为话题的几个学生也因在研究生入学面试中没能深入地回答问题而未能入学。

贤镇至今依然在阅读和语法方面比较弱，学校成绩也不太理想。但不久前有一次她说的话让我惊讶不已，觉得她的口语已经达到一定水准了。当时，贤镇看到我和她爸爸在吵架，不知道她从哪儿听来的，说离婚是非常可怕的事情。于是，我问她"Why?"从那时起，她开始用英语说了起来。

"

If you get divorced, I'll have to live with grandma.
I'm so scared. Please, don't argue.

"

如果你们离婚的话，我就得跟奶奶生活。我很害怕。请你们不要吵架。

就这样说了10分钟。我听她说着，心里不禁感叹："哇，这下终于开口了！"

尽管在学校考试中阅读理解还不太理想，但她终于能够用正确的方式来表达自己内心的情感和意思了。孩子全部说完后，我问："贤镇，你能把刚才说的话用汉语说出来吗？"她听了后，毫不犹豫地又用汉语说了一遍。我又问她能不能用日语说，她就又用日语说了半天。

这令我新奇和惊讶得不得了，问她："这些话是从哪儿学来的？"她说："不是学来的，只不过是把我知道的词连接起来说的。"

我再一次确信，口语能达到这种程度，阅读理解即使现在有所不足，只要在今后的一两年内增加词汇量，加强阅读和作文，就不会有太大的问题。因为只要掌握住把自己说出来的话用文字表达出来的要领即可。

随着托福考试中语法部分被取消，口语比重的不断加大，韩国的托福成绩在全球的排名越来越靠后。在考托福的163个国家中，韩国的口语成绩排名第163位。我认为，是以应试为主的英语成为了韩国英语的绊脚石。

从2010年起，英语口语在学校成绩中的比重提高了，相信在托福考试中的比重也会越来越高。即使拼命学习，在应试英语中拿到很高的成绩，在阅读理解方面也不会产生很大的差距。最后一个门槛和最后一个差距将在口语中产生。口语的评分分为发音、语言运用能力、丰富的词汇等。

其他考试在短期内都能够凭借临阵磨枪提高成绩，但口语不可能。如果不从小、从现在起就如同习惯一样，不是当作学习来说英语，长大后就很难开口。

只要成为习惯，谁都可以说好英语。从小养成习惯当然好，如果从五六年级开始，尽管有些晚，但只要养成习惯亦可。虽然会比3岁时要多花些时间，难适应一些，但还不算晚。只要从现在起，每天练习10分钟的口语就行。如果不这样，到25岁去公司面试时，英语是不会突然从嘴里冒出来的。

口语，是词汇能力、表达能力、逻辑能力和知识等几乎所有能力的综合体现。擅长说话的人，通过训练会非常善于起承转合、强调主题和抓住核心。

在小学三四年级孩子们开年级会议时，你就会发现，有的孩子很会说话，像大人一样，很有逻辑性，而有的孩子则结结巴巴地说不清楚。不同的孩子在母语表达方面都会有差异。善于说话的孩子，不是一天两天打造出来的。从小没有受过说话训练的孩子连母语也说不流畅，更不用说外语了。

美国前第一夫人芭芭拉·布什曾经说过这样一句话。

"
Home is the first school. Mom is the first teacher.

Mom's words are the first dictionary.
"

家庭是孩子的第一所学校，妈妈是孩子的第一位老师，妈妈的话是孩子的第一本辞典。

我们在家里从小开始学的语言会成为母语。家庭中的对话和语言教育、说话习惯如此之重要。

说话，归根结底是平时的、长期的"训练"，它通过"习惯"而变得可能。妈妈的责任便是鼓励孩子把开口大声说话的训练变为习惯。

培养孩子善于说话的习惯，是妈妈送给孩子的最好礼物。在孩子13岁之前，所有妈妈无须进行任何投资就能够做得到。说话，看不到立竿见影的效果，但只要如同春雨润物般一个词一个词地养成习惯，在某一天，孩子就会令人惊奇地开口。

目前，早期英语教育已成普遍趋势，人人都在把孩子送到英语幼儿园。然而，问题是，在幼儿园里学的类似于"What's this"这样短小的幼儿口语进入小学后应该使其与正式而有条理的口语连接起来，但现实却并非如此，而是统一进入阅读理解和语法。韩国孩子错过了准备口语的时期，在小学6年的时间里不能为真正地巩固口语而学习。我决定，在别的孩子花时间学习阅读理解时，让贤镇练习口语。之所以口语练习要优先于阅读,是因为口语是能够进行直读直解和直听直解的"核心钥匙"。

现在,与贤镇同龄的孩子都在准备儿童托福考试。连周边的其他妈妈都埋怨我说:"贤镇差得太远了!""难道不应该考试吗?"

然而,只要小学的英语成绩不会决定一生,我就坚信:在小时候不练习口语,浪费在阅读和语法上的时间就会永远地失去。因为我认为,小学6年时间通过口语自然而然产生的英语实力将会左右人的一生。

为孩子培养自信的"妈妈牌英语"

都说炒年糕还是妈妈在家亲自做给孩子吃的才是世上最好吃的。那是因为妈妈会按照孩子的口味做得不那么辣，还会做得更甜一些，只有妈妈才会针对自己孩子的口味做。

同样的，妈妈也用适合自己孩子的方法去引导孩子学英语，如何呢？

在孩子的英语学习上，妈妈们耳根子软到去按照他人的方法做是行不通的。就像我们的母语也有说得好的孩子，说不好的孩子，每个孩子对于语言的领悟能力都是不一样的。所以希望我国的妈妈们能够树立更远大的目标，不紧不慢地引导孩子，做像诸葛亮一般充满智慧的妈妈。

有一天，我从光华门附近的教育大厦前路过，被大楼上贴着的巨大条幅吸引了："大枣不可能自己变红。那其中几多台风，那其中几多惊雷，那其中几多闪电。"

当时我突然回想起自己和贤镇的过往 10 年。为了让贤镇张口说四国语言，我相信我所付出的热情和努力远比其他妈妈送孩子去培训学校或留学所花的费用珍贵得多。2009 年，我和贤镇参加《超级妈咪》节目的时候，说实话曾经有些紧张，也有些犹豫。但是能让人们看到贤镇完美地运用四国语言说话的样子，我就很高兴，心满意足地认为这就是对我 10 年付出所回馈的礼物。

世界上最棒的语言教育就是妈妈的热情，就是一天都不落地和孩子一起笑、一起闹、一起打滚所度过的那些美好的时光。

在贤镇还是婴儿的时候，我做完一天的事儿后就累得瘫成一摊。从凌晨的广播直播开始，然后是各个电视台的节目录制，这些都结束之

后回到家就已经是晚上了。但是，最让我高兴的就是到家和孩子一起玩的那最长不到 30 分钟的时间，每分钟都投入了我全部的热情，对贤镇来说这也是一天中最开心的时刻。

孩子生病住院或是我生病卧床的时候，也一天都没有中断过，甚至在医院里也一样。我每天晚上都会在枕边做着滑稽的表情，扯着嗓子激情洋溢地给贤镇念童话故事书，完全不亚于任何一个配音演员，总是尽自己最大努力读得有趣、模仿每个角色。孩子沉浸于我的嗓音中，一会儿咯咯笑，一会儿吓得发抖，一会儿呜呜哭，这些都是我的人生以及贤镇的人生中最珍贵的时光。这些时光渐渐汇成一天、一年。而在汉语的学习上，也是贤镇慢慢地开始张口说，最终水平还凌驾于我之上。

陪孩子一起玩、给孩子念完书之后，我时常会筋疲力尽地晕倒在客厅里。婆婆看到我这个样子就会一边担忧一边说："这孩子又晕倒了。"我第一次晕倒的时候婆婆也吓了一跳。我的低血压很严重，大喊 10 分

钟眼前就会变得一片漆黑，脑子晕乎乎的，在外面也经常会晕倒。

我的嗓音原是清亮的高音，有一段时间嗓子完全坏掉，还患上了声带结节，发不出原有的声音，一张口就是哑哑的声音，只好含泪终止了所有节目和演讲。我丈夫还训斥我说，谁让你每天晚上都那么大声地念书。我流着眼泪，但最担心的还是"这下没办法给贤镇读英语书了可怎么办"。虽然对节目和演讲没有什么迷恋，但我一想到没办法给贤镇念书，孩子得自己学，就觉得非常心痛和担心。就是说，我仍然很高兴也不后悔每天晚上充满热情地给贤镇读书，陪贤镇学习。

我经常让妈妈们把手放在胸口好好想一想，你是否曾经饱含热忱地给孩子大声念书超过10分钟，以至于头晕眼花？我并不是炫耀，只是单纯地希望贤镇长大了能知道"我的妈妈真的是全身心地爱着我的"就足够了。

另外，比这更重要的就是，在与自身的战斗中，这份热情能够坚持多久。

对妈妈们来说，最重要的不是英语实力，而是体力、努力和持久力。因为体力跟不上，觉得太累的妈妈们都会想："算了，还是送去培训学校吧"，最终投降放弃。但是，能够一直坚持不放手，在孩子产生"缄默症"，不想学英语的时候，重新寻找其他方法去尝试引导孩子的，全是仰赖妈妈的持久力和毅力，而不是英语实力。

我小时候，妈妈只是帮我分析数学作业我都会很高兴。并不是因为可以简单地解出问题，而是因为那一小段时间可以待在妈妈的怀里闻妈妈的气味，那种感觉到现在我都还记得。妈妈喜欢给我们做鱼吃，所以妈妈手上经常有鱼的腥味儿,对我来说能够闻着这种鱼腥味儿和妈妈一起坐着就是一种幸福。

在孩子学英语的时候,韩国的妈妈们就会变得一心只想进度,变成非常严格的凶妈妈。而且催促着说:"再试一次,怎么就学不会呢,集中精神。""fast"和"better",即:一直有着无论怎样都要比别人学得更"快"、学得更"好"的强迫思想。

但是,我对这种不给孩子建立自信的英语教育表示怀疑。"妈妈牌英语"教育认为,妈妈要给孩子充分的关爱,并且为其建立自信。如果威逼孩子说"你落后了,你不行,这个得快点儿学",那么就不要开始"妈妈牌英语"。要和孩子在开心和欢笑的过程中逐渐积累"我家孩子可以"的强大信任感。

我自己从实践错误中体会到的是,孩子就应该让他有个孩子的样子。口语能力再优秀,孩子也只是个垫尿布的婴儿,还是喜欢玩的。要发挥妈妈的智慧,让孩子一边开心地玩,一边把英语暗中渗透其中。

我真希望这片土地上的所有妈妈都不要拿着小鞭子在孩子后面追赶着他往前跑,而是用对孩子的爱去教孩子英语。就是那种即使是一个英语单词也要在游戏中笑着学会,即使是看英语动画片也要一起边吃爆米花边开心地观看的英语教育方式。

我就是这样和妈妈一起学习英语的,所以我希望我的孩子也能像我一样能够咯咯笑着、开心地学习。虽然开始的时候也曾经出现过实践错误,但我马上就放弃了孩子不喜欢的方式。除了孩子超级喜欢的内容以外,我不会让孩子去学习她皱眉表示不喜欢的部分。因为语言学不应该是功课,而应该是习惯。

很久以前我做客一个进行早期英语教育正反方辩论的电视节目，我是赞成的一方。当时观众投票结果是反方获得压倒性胜利。但不论是当时还是现在，我的立场都没有变，"只要开心地学就可以了。"

到底是从小不把学英语当功课，只是快乐地学会怎么说，从而一生受益好呢？还是从8岁开始就送进气氛紧张的培训学校，终生痛苦地学英语，甚至花大钱送去留学和研修好呢？我要说的是，不需要花很多钱，只要全凭着妈妈的热情，让孩子能够开心地学习，在10岁之前养成说话的习惯，孩子在今后就可以终生养成学英语、说英语的习惯。

如果像现在这样，不遵照孩子正常的生长阶段，过早地教孩子应试英语，一定会产生副作用。是否比别人学得更快、更好并不重要，重要的是平时能不能开心地度过每一天，这才是儿童英语的核心。

开心地学英语、自然地习得英语才是最好的学习方式。我就是在不怎么会汉语和日语的情况下，而且**从未被送去培训学校或是留学国外的情况下，把并非天才的贤镇培养成了在10岁就能熟练运用四国语言的孩子。我相信这全是那些一天不落地陪她一起开心玩耍的时间所造就的。**

PART 2

跟我学让人脱口而出说英语的
"朴炫英牌超级妈咪英语"

让孩子听爸爸妈妈的声音，而不是音频的机械音

生贤镇时，我是剖腹产。妈妈们都知道，剖腹产比自然分娩恢复得慢，而我更是因为出了特别多的血，产后一个多月身体情况都很糟糕。总是没精神，因为剧烈的疼痛只想躺着。

事实上，产后很长一段时间对妈妈们来说都是一段很痛苦的时期。我也是每天一边用奶瓶喂孩子吃奶一边困得直打哈欠，但我还是尽可能地让孩子多听听我的声音。新生儿除了每天醒着的一小会儿时间之外，一天大部分的时间都在睡觉，而且视野还很模糊。在妈妈肚子里时经常听到的声音能够让孩子安静下来。

贤镇可能也是觉得熟悉，一听到我的声音和曾经经常隔着肚子交谈的爸爸的声音，就会停止哭泣。被外婆抱着的时候也是只要一听到我问她："贤镇啊，怎么了？""Are you hungry?"就会马上不哭了。每当这时，我都会想："啊，这小家伙在听我的声音呢，知道是妈妈呢。所以不管再累我也要和她多说说话。"

虽然小孩子看起来好像是什么都不知道，但实际上都用耳朵注意听着呢。所以即使是给她喂奶的那段很短的时间，我也没有愣神坐着，而是尽量和她说话。一天24小时中，孩子吃奶的时候、哭的时候、换尿布的时候，我都会让她听听我的声音。

- 慢慢地，用高音调却又温柔的语气，轻轻地尝试和孩子说话。
- 韩语一遍，英语一遍，这样用两种语言交替着说。
  (例) "怎么了，贤镇啊？饿了吗？" / "What's wrong? Are you hungry?"
- 一直用两种语言反复说相同的话。

孩子刚出生1~3个月的时候没有必要让他听长句子，也不能让他听到吵闹的噪音。 我说给贤镇听的最多的就是："贤镇啊，睡得好吗？""饿了吗？""为什么哭啊？""给你喂奶啊。"用英语也顶多就是："Good morning!""Are you hungry?""Milk!""Hi, baby! I'm your mommy."虽然不管说什么孩子都不会有反应，但是看着贤镇含着乳头盯着我的眼睛，因为我的话而集中精力的样子，我就能确定"孩子在听"。这个时期我坚决没给贤镇放音频或CD。听说有的妈妈在刚出生的孩子睡觉的时候也放英语摇篮曲给他听，我真的想劝阻她们。对于刚出生的婴儿来说，CD 和音频的音乐声不过是陌生的机械音而已，是噪音。听着这些机械音不但会影响睡眠，更会被吓到，甚至会引发惊风。

我一开始也曾放摇篮曲的 CD 给贤镇听，可贤镇听了 CD 的声音后一直哭。所以我赶紧关掉了 CD 机，抱起来哄她说"我们贤镇可乖了"，再轻声唱童谣给她听，她这才安下心睡着了。我也问了其他妈妈，都说只要一放音乐，孩子马上就会哭哭啼啼或者干脆放声大哭。不管是再美妙的声音，都比不上孩子从在肚子里就一直听习惯了的妈妈的声音更能稳定孩子的情绪。

随着孩子慢慢长大，至少要 8 个月之后孩子才会开始发声，并且对听到的话产生反应，在那之前都是只能用耳朵听声音的感应时期。虽然没有反应也不会说话，但孩子都在不断储存他听到的声音。这个时期的声音环境就数爸爸妈妈的嗓音是最好的。也有的妈妈在放着视频或音频的同时和孩子说话，但和 4 岁之前的孩子说话时，周围最好是安静的。越是听不到噪音的安静环境，孩子越能集中精神。

- 父母的声音对于会发音之前的孩子来讲是最好的声音环境。
- 只在孩子醒着的时候用温柔的高音调和孩子说话。

不要总想着全部背下来，要灵活运用小抄儿

去书店就能看到，写给妈妈的幼儿英语指导书有很多。但我看了几本在这个领域卖得好的书，看过之后很惊讶。

"天啊，这让妈妈们怎么跟着做啊？"

书上让妈妈对着哺乳期的孩子说这样或那样的英语句子，天啊，竟然让妈妈对孩子说那些词汇很难，并且又长又复杂的句子！就算是现今的妈妈再怎么从婴儿时期就开始大力度地教孩子英语，这样做也不合适，我看了都不禁被吓到。

再加上，不管是全职妈妈还是在职妈妈，都因为不分昼夜地照顾孩子，24小时都很疲倦，人都快累死了还要看着那些有难度的英语书，去学习和背诵那些完美的英语句子，根本不像话。连我看了都感觉很吃力，对那些有英语恐惧症的妈妈来说就更是负担了。

说实话，世上的妈妈对孩子说的话都是相似的。比如"饿了吗？""别哭了。""乖。"这些在日常生活中经常用到的话都很相像。

我建议那些开始尝试着在家里教孩子英语的妈妈，不要试图把那些又长又复杂的句子背下来说给孩子听，没有那个必要，反正也背不下来。

相反，我推荐妈妈们积极灵活地运用小抄儿。把那些给孩子喂奶或换尿布时很自然地说出来的简单短句，以及妈妈在日常生活中习惯说的几句话写在便签纸上，贴在奶瓶、奶粉罐、饭桌等地方，随时看一眼，根据情况不同选择不同的句子对孩子说就可以了。没有必要把那些所谓的畅销育儿书上出现的难句子都背下来说给孩子听，挑自己喜欢说的话集中反复讲给孩子听就行了。

我最喜欢说的一句话就是："贤镇啊，现在是打饱嗝的时间啦！""Burp time!"给孩子喂完奶后拍着她的背让她打嗝的时候就说："拍拍。""Pat pat pat."孩子看起来想睡觉的时候就说："困了吗？""Are you sleeping?"

这种英文程度应该每个妈妈都能办到吧。如果哪本书上出现像"要打嗝才能消化好，所以我的乖宝宝来打个嗝吧"这样冗长的句子，希望妈妈们能赶快把这种书扔到一边。

不管怎样，都不能强迫36个月以内的孩子去学什么或者硬去教他们什么，也不需要那些不自然的长句子。把经常说的话像对话一样说给孩子听就足够了。

这个时候的声音环境就是让孩子听。比方说，孩子A如果从出生起一次也没听过狗的叫声，那么哪天出了家门第一次听到狗叫之后肯定会非常害怕。但是孩子B因为家里养狗，从出生起就听着狗的叫声长大，对狗叫声很熟悉，所以出了家门，即使是听到大型沙皮犬的叫声也不会被吓到。

英语也是同样。重要的是给孩子营造一个英语环境，让孩子觉得英语这种声音是从出生就开始听的很自然的声音，而不是别扭、听不懂的。不要总想着从小"教"孩子学英语，重要的是在日常生活中让孩子每天能够"听"到英语。

如果想要做到这一点，妈妈自身必须习惯于说英语，而不能一边很伤脑筋地背下那些复杂的句子，一边给孩子灌输。

实际上，在婴儿时期，孩子能把写在便签纸上的简单的句子熟练地说出10句就已经很不错了。每个句子至少重复50~100遍，孩子才能将这个信息输入大脑。如果太贪心，想努力让孩子一年学习360个句子，结果通常是妈妈自己先交旗投降。

把很简单的一句话重复两三个月才是正常的。等过段时间孩子长大后，随着时间的流逝语言能力也会加速提高。到了那时，即使一天给孩子说10个新句子，孩子也都能听懂。所以没有必要从一开始就勉强孩子说太多。

现今有很多妈妈对双语有很大的野心。但是在幼儿时期，尽量还是说一些自己熟悉的、简单的、经常用到的句子就可以了。

如果觉得孩子已经完全熟悉并听懂了，就可以适当安排一些说英语的时间。比如，上午只说韩语，下午只说英语；或者在房间里只说韩语，在客厅里只说英语；又或者其他时间都说韩语，只有喝牛奶的时候说英语。

把爸爸和妈妈这两种角色分开也是一个好方法。定下一个固定的时间，在这段时间里跟爸爸用英语说话，跟妈妈用韩语说话。即使是像这样只说几句话，孩子5个月大开始坐学步车时，如果说"来这里。""Come here."就都能听懂了。就这样到七八个月的时候就算只说"Come here."孩子也能听懂是什么意思了。

幼儿期的双语环境能做到这种程度就足够了。用简短又熟悉的句子重复、再重复。没有必要勉强背下来，只要瞟两眼写在便签纸上的小抄儿就可以了。

· 将简短、容易熟悉的几句话不停地重复说给孩子听。
· 将家里各处都贴上便签纸，随时"作弊"。

要对孩子的声音和行动作出积极反应

那是1999年8月23日贤镇出生之后开始进入秋天的9月,我的产后抑郁症相当严重。虽然上班时间请了保姆看孩子,但因为孩子有些日夜颠倒,我结束工作回到家也几乎没法儿睡觉。生贤镇之前,随着肚子一天天大起来,我的工作也减少了很多,因此感到压力很大,产后抑郁症也大举袭来。

9月12日是我的生日。那天,我抱着贤镇一边给她喂奶,一边呜呜大哭起来。对着咬着奶瓶的孩子胡言乱语一通,眼泪掉个不停。

"贤镇,你饿吗?妈妈很伤心。" "I'm sad. 呜呜呜~"

但是真的很奇怪。贤镇本来是那种吃了奶就马上睡得不省人事的孩子，可是那天眼睛却一眨一眨地盯着我的眼睛看。在孩子的视野尚且模糊的时候，做出这样的事情是多么神奇啊！我哽咽着看着孩子的眼睛开始和她说话。

"贤镇，你也伤心吗？"

听了我的话后，贤镇竟然发出了还不能算是语言的"呜呜"的声音。平时吃完奶之后贤镇的脸上都会出现开心的笑容，而那时原本应有的笑容消失得无影无踪，哭丧着小脸儿。

在孩子出生 2~3 个月后，正式开始牙牙学语之前，会先发出短音节的"呜呜"声，这种现象叫做 cooing（呜啊声）。是为了在开始说话之前训练用小舌发音。

贤镇听到我哭泣的声音之后，就像看出妈妈什么地方不舒服一样发出了"呜呜"的声音。看着当时的贤镇，我就觉得我不应该像泄了气的皮球似的垂头丧气，所以一边哭一边下定决心：和孩子一起絮絮叨叨地聊天吧！

婴儿时期被称为"沉默的时期"，**虽然孩子看起来暂时还听不懂话，也不会反应，但事实上一直都在倾听妈妈的声音，自己也在说话。**就像孩子饿的时候的哭声、尿布湿的时候的哭声、困的时候闹瞌睡的哭声，妈妈都能分辨出其中的不同，这些哭声都是孩子在表达自己的情感。

从那年秋天开始，我和贤镇每天都用能赶走全家人的大嗓门儿絮絮叨叨地聊天。贤镇只要心情好就会发出"呜呜"的不知是什么含义的声音，每当这时我都会大声说："哦哦，是吗？"积极地去响应她，并且用韩语和英语与她说话。如果我对她说："贤镇啊！""Good morning! Hi!""Are you happy？""心情好吗？"贤镇也会更大声地发出"呜呜"的声音，努力想要说些什么。只要我积极地去响应，孩子的声音也会变得更大，精神也更集中。

因为孩子在这个阶段眼睛的焦点还很模糊，所以我主要让贤镇看玩具汽车，或者把玩偶或球放在她眼前30厘米的地方让她看，然后和她说话。孩子死死地盯着玩具汽车看的时候，我就会反复和她说："This is mobile.""这是玩具汽车。""Do you want to see mobile?"等。

然而，不知道从什么时候开始，贤镇只要一听到"mobile"这个单词，就会看向放玩具汽车的地方。我用手指着别的东西说："Do you wanna see mobile?"她马上就会看一下那个东西。如果不是玩具汽车，她就会扭过头去。可以断定，这小家伙听懂"mobile"这个单词了。

可以说，我们从那时候就已经开始"游戏英语"了。

贤镇吃奶之后，肚子饱了就会高兴地发出"咯咯"的声音，我就会响应她说："哎哟，我们贤镇心情很好嘛！"把该吃的东西吃完之后，我会问她："都吃完了吗？""Are you done?"孩子就会发出"嗯嗯"的声音，然后我会代她回答说："我吃完了。""I'm done. I'm done."我是特意提前告诉孩子，以后长大了，到8个月能够说话的时候应该怎么回答。

只要贤镇哼哼唧唧地发出声音，我就会积极地去响应她，并且用两种语言和她说话。当然，并不是很复杂的句子，而是用音节非常简短的话。比如，像"mommy""daddy"，或喝奶的时候一边说"Milk！

喷喷！Milk！I drink 喷喷，I drink 喷喷。"一边做出吮吸奶嘴儿的样子。

这个时候适合把孩子当时做的动作和应该说的语言一起讲给她听。比如，"I'm full.""呃呃呃。""I'm full.""呃呃呃。吃饱了。"像这样说着两种语言的同时，大幅度地做动作。她打嗝的时候，我也是一边说"现在是打嗝的时间。""Time to burp. Pat pat pat."一边做出打嗝的动作。让她把语言和动作联系起来。

如果反复用两种语言和动作去诠释同一个行为，以后这个动作出现时，孩子就会很自然地意识到："啊，这就是肚子饱了啊。""啊，这个动作是这个意思啊。"

那个时候我最常说的就是和"尿尿""便便"相关的话。换尿布的时候我总是这么和她说：

"Oh! You Pooped!(拉便便了呢！)"

"Oh! You Peed!(尿尿了哦！)"

就这样，不知从什么时候开始，孩子也自然而然地听懂了这些话。给她换尿布的时候，一说"peed"她就会做出尿尿的动作，一说"pooped"她就会抬起腿做使劲儿排便的动作。很明显，孩子能区分这两个单词了。用湿巾给她擦屁股的时候，我也会嘀嘀咕咕地说：

"给你擦擦，给你擦擦。""Wipe, wipe, let's wipe."

换了新尿布之后，我就会问她："高兴吗？""Happy? Happy? Are you happy?"

贤镇就会笑着发出"咯咯"这样开心的声音。

就这样，贤镇一直发出开心的"咯咯"声，我也一直积极地响应

她的"咯咯"声。

不可思议的是,很多妈妈会忽略孩子牙牙学语的声音。孩子虽然暂时还不能说出"语言",但他们都认为自己在努力地说话。孩子就是用哭声、哼哼唧唧的声音和妈妈交流的。大人都喜欢和愿意倾听自己说话的人交谈,孩子也是一样。妈妈对自己声音的反馈越多,孩子就会越兴奋,越想去学妈妈说的话。他们能感受到对话的主题是自己,自己正在被爱和被关心。

学说话速度快的孩子、积极地发表自己看法的孩子,实际上是在幼儿时期就养成的习惯。大多数是因为妈妈从他们幼儿时期就开始积极地做铺垫,才造就了这样的孩子。如果孩子发出"吧噗"的声音,妈妈也跟着孩子大声地回答"吧噗",越是这样鼓励,孩子就越快开始张口说话,表现力也会变得丰富。

正因为如此,妈妈要装作能听懂孩子所有的声音,成为"有眼力劲儿"的人才行。在孩子所做的动作上附上语言,就算是孩子还不能说话,也要像能听懂他们的话一样,积极地和孩子展开对话。和孩子一起发出相同的哼哼唧唧的声音,孩子盯着东西看妈妈也要盯着看。多抱抱孩子,多和他们说话,把语言嫁接在孩子发出的声音上,反复说给他们听吧!

- 牙牙学语的声音既是交流也是语言。大大方方地积极去响应吧!
- 孩子虽然不会说话,但一直在注意听妈妈的声音。

把英语学习暗中嫁接在孩子喜欢的、现在正在做的事情上

贤镇两三个月大的时候,因为便秘遭了不少罪。经常5天都不大便一次。我那个时期的育儿日记上写"今天贤镇又没大便,真令人担心"的话最多。

从那时起,我开始说"大便"的英文单词。孩子整夜为了排大便而憋红了脸,我则一边看孩子的屁屁,一边说"大便,出来!""Poo poo, come out!"为孩子加油。看到勉强要排出来的黑便,我就一边擦,一边用汉语喊"大便!"之后,孩子一听到"뚱""poo poo""大便"便会使劲地想要排便。

我一直用这样的方式让孩子接触英语。不说"大便用英语说是 poo

poo"，而是在孩子排便时，自然而然地教她说"poo"。不是人为地"教"孩子英语，而是把孩子现在做的事情与英语联系起来。

通常妈妈们经常犯的错误是，"来，拍手，clap clap clap!"强求孩子做新的动作，填鸭式地输入语言。让往右边看的孩子看远处，说："看那里，那是什么，是天空，天～空。"一本正经地打开书，说："现在来玩磁铁游戏"，但孩子对这个游戏根本不感兴趣。如果孩子没什么反应，妈妈就会变得不耐烦。

请不要这么做！要仔细观察这一瞬间孩子在干什么，然后在那个行为上加上简单的英语。例如，孩子正在吮吸手指，妈妈就可以说"You're sucking！"同时学孩子的样子也吮吸手指。

不要强制性地转过孩子的头，让他看别的。要看孩子现在在做什么、在看什么，并悄悄地用英语说。这比强制性地教一些新的东西会更有趣。

在教"left（左边）"和"right（右边）"时，我把贤镇抱在怀里，跟她看同一个方向，然后随着她视线移动的方向教她"left"和"right"。当喜欢抽纸巾的贤镇把纸一张张地抽出来，在房间里走来走去扔的到处都是时，我没有批评她，取而代之说了"Pick（抽）"这个词。

就像这样，不要让孩子追随妈妈的视线，妈妈要追随孩子的视线，并稍微加上英语的声音。特别是把孩子专心致志看的、拿着吮吸的、特别喜欢做的与英语结合起来，这样孩子才会更加集中精力地去看和记忆。

如果此刻孩子正在盯着黄色的花朵看,妈妈就应该看着花说"Yellow flower"。也就是说，如果孩子在看红色的苹果，妈妈就没有必要让他转过头教他黄色的花朵。在孩子聚精会神地看玩具汽车时，妈妈应该一起看并说："那是玩具汽车。""That's mobile."对正在看别处的孩子说"玩具汽车、玩具汽车",孩子是连看也不会看的。

贤镇在八九个月的时候,几乎对钟表着了迷,非常奇怪。但那也成为了学英语的一个绝好机会。有一次,我带她去百货商店。她在挂满圆钟的柜台前睁大了眼睛,耍赖要我买一个。那是没有必要买的挂钟,特别贵,可孩子却摸着它跺脚哭得喘不过气,差点儿抽起来。不想继续给百货商店添乱,我只好给她买了。挂钟一抱到怀里,贤镇马上就不哭了。

后来,我在育儿书中看到,所有孩子在小时候都会"疯狂着迷"一种东西。有的孩子喜欢杯子或手机,有的孩子喜欢毛绒玩具,而贤镇喜欢的则是钟表。带她出去,只要看到钟表,她就会拼命耍赖让买,这甚至让我担心她是不是有什么问题。当时,家里的挂钟、闹钟等加在一起差不多超过60个。

但是,对于那些着迷的东西,换个角度看也说明孩子对那方面特别感兴趣。只要有兴趣,就是一个钟表也会很有用。"하나,둘,셋""一,二,三""one, two, three""いち,に,さん",我教孩子用四国语言数数。还教孩子"round(圆)""small(小)""big(大)"……数字、空间感觉、立体感、图形英语等,一直到孩子2岁,仅用一个钟表,我就教会了她很多东西。

到24个月大的时候,孩子能够独自做的事情越来越多。会刷牙、会洗手、会提拉链。我不光看孩子的这些动作,还告诉她那些动作用英语怎么说。我给贤镇穿袜子,因为是我给她穿,所以她不太集中。但当她自己哼哼唧唧地把脚塞进袜子里的时候,她的精神是最集中的。

在孩子精神集中时告诉她的话，会更容易掌握。所以，当贤镇脱袜子的时候，我会在旁边说："Take off your socks."当我们在洗手间一起刷牙的时候，我会跟她说："Up and down, up and down. Brush your teeth."这些都是在日常生活中用得上的简单会话。在那一时期，别家的孩子已经在学字母，而我却沉浸于跟在孩子后面把她的行为用英语说出来的乐趣中。

贤镇有烦热症，喜欢把衣服或袜子脱下来。脱衣服的时候，我先说"Take off"，告诉她这个动作的英文表述方式，然后问她："What are you doing?"刚开始，她会跟着我说"Take off"。接着我会问："Take off hat? Take off glasses?"孩子会说："Take off socks."那时，如果我说："Oh! You're hot?"孩子会听得懂，回答说："Yes, hot."利用这种方式，即使贤镇只说一个词，我也要把她说的联系起来再说一次。注意，妈妈要事先告诉孩子表述方式，让孩子模仿。

孩子从三四岁起，会经常用母语来表达情感。"不要、好、不行、困、不知道、有意思、好吃、害怕"等等。每当这个时候，我都会把从贤镇嘴里说出来的情感词汇变成英语说给她听。

例如，贤镇碰到热碗说"热"的时候，我会先示范着说："It's hot！ It's hot！"这样，不知从何时起，贤镇也开始说"I'm hot"了。我发现贤镇也有口头语，那便是"无聊"。于是我假装反问她："You're bored?"然后把她的话同英语连接起来。

注意，我只在贤镇已经掌握的韩语的表达范围内教她英语，而不教她新的表达方式。比如，贤镇说"哎呀"时，我说"Ouch!"贤镇说"妈妈讨厌"时，我说"I hate you!"贤镇说"不要"时，我说"Don't"。

把贤镇经常表达的情感词汇一个一个地变为英语再告诉她,并且只有在她使用英语表达的时候,我才有反应,于是贤镇开始用我教给她的方式表达情感了。肚子饿的时候,她要说"I'm hungry",而不是"我饿了",我才给她吃的东西。从那时起,每当我把她的话与英语联系起来说的时候,她都会马上模仿。这就是"食物英语(Food English)"的秘诀。

语言,应该自然而然地熟悉,从小就让孩子觉得它是一种乐趣。如果去强求,让孩子觉得那是应该学习的,那么孩子大了以后,英语也会是他的一个负担。

了解自己孩子最喜欢什么,现在在做什么,就能将其有趣地与英语口语联系起来。只要在旁边留心观察,就能收到最好的效果。即使把别人都说好的书或昂贵的教材买给孩子看,如果孩子不感兴趣,那些东西也是无用之物。如果孩子经常抱着毛绒玩具又咬又吮吸,就用英语教他毛绒玩具的眼睛、鼻子、嘴。不要教书上出现的新词汇,只需把孩子刚才说的话变为英语告诉他即可。

- 观察孩子感兴趣的、特别喜欢的、现在这一刻让他集中精神的是什么。
- 不要让孩子感觉是在学习英语。

千万不要在同一句话中混杂着韩语和英语一起说！

孩子开始张口说话后，妈妈就会更努力地希望用两种语言和孩子对话。这个时候需要注意的一点就是，千万不能在同一句话中混杂着韩语和英语一起说，一定要在完整地说完韩语句子之后再说英语。如果在一句话中韩语、英语混着说，就会使孩子头脑中形成的语言体系产生混乱，还会破坏双重语言的区分能力。

例如，和孩子跳舞的时候，要在说完"来吧，和妈妈一起跳舞吧！"之后再说"Let's dance with mommy!"绝对不能说"OK，baby 和妈妈一起 dance 吧！"这类话。

如果把两种语言在同一句话中混着说，孩子就会分不清到底哪个是韩语哪个是英语，感到混淆。最终会形成把两种语言乱七八糟地混在一起用的习惯，想要听懂两种语言都要费一番工夫。时间长了，两种语言就会都听不懂，最坏的情况就是与生俱来的双重语言分辨能力被破坏。请记住，一定要用母语完整地说完一句话之后再说英语。

母语和英语会不会混淆

父母来自不同国家的混血儿或侨胞子女,在家里说韩语,到了学校和美国朋友也能流畅地用英语交流。这是因为他们从小就接触两种语言,在大脑里不会产生混淆。

听说大部分犹太人家庭的孩子都至少会说英语、法语、德语、希伯来语四种语言。犹太人父母从孩子出生起就会开始早期外国语教育。早上用希伯来语给孩子读圣经,中午用英语给孩子念童话书,晚上睡觉之前用法语给孩子讲犹太教法典故事。他们这么做就是为了让孩子从小就能充分接触和习惯多种语言。

据说人类在入睡之前集中力会达到最高峰,睡前童话(bedtime

story）就是从犹太人的语言教育方式而来的。

有很多妈妈问，如果母语和英语一起说，孩子会不会产生混乱？**其实，和家长们的担心恰恰相反，早早地接触外语的孩子，会同时吸收并接受母语和外语。**因为孩子在这个时期并不认为是"学习外语"，只要切实地具备了语言和声音环境，孩子的大脑就会自动区分并储存两种语言。语言学家的理论证实，大脑中的LAD（Language Acquisition Device，语言习得装置）从11岁开始减弱，13岁开始退化。也有理论说，孩子直到出生后36个月都具有区分不同语言的能力。就是说，在孩子的大脑中分别有英语的房间、母语的房间和其他语言的房间。

在贤镇张口说话之前，不仅是韩语和英语，我还对她灌输了汉语和日语，共四国语言。在孩子醒着的时候，我每天按照不同的时间段把四国语言轮流说给孩子听。虽然每天说不了几句，但我坚持早上说韩语，下午说英语，傍晚说汉语，晚上说日语。

比如，如果是英语时段，喂完奶之后我就问："Are you full?"然后把孩子应该说的回答"I'm full."反复重复好几遍。就这样根据主题和时间段的不同，用不同的语言提问和回答。再次强调，因为我一句日语和汉语都不会说，所以5年间我都是看着初等日语和汉语会话书上的发音指导、听着CD，重复说着为数不多的几句幼儿水平的话。

当时我咨询了很多跨国婚姻的父母。我问那些妈妈："孩子说的第一句话用的是什么语言？"得到的回答都是："同时用两种语言开口说妈妈和Mommy，爸爸和Daddy。"也就是说，被输入两种语言的孩子将来必定会输出两种语言。

贤镇最先会说的英语是"Mommy"。开始只说"妈~妈",后来就说出了"Mo-mmy"。我指着自己问她:"我是谁啊?"她就会说:"妈妈,妈妈!"我用英语再问她:"Who am I?"这次回答我的就不是"妈妈"而是"Mo-mmy!"贤镇一个月后就会说"爸爸"了。她对着爸爸一直喊:"爸爸,嗯,爸爸!"但如果指着爸爸问她:"Who's this?"她就会回答:"Da-Da-Da-ddy!"每次吃好吃的饼干或糖果时,我都会模仿玩偶的声音对她说"ありがとう(谢谢)",而贤镇也从某一天开始用不自然的发音说:"ありがとう"。全家人都高兴地欢呼说:"孩子会说三国语言啦。"还拍下了录像。其实之后看来,那不过是开始模仿大人教给她的话而已,但虽然只是一句简单的问候语,也让那时的我极为兴奋。

实际上,贤镇出生后一年左右的时间,我是非常疲倦的。作为妈妈,最辛苦的阶段便是孩子出生后的12个月。一天要换20多次尿布,一整天都要喂奶,让孩子打嗝、抱孩子。在如此辛苦的情况下我还要对尚且没有任何反应的孩子说韩语、英语,甚至日语、汉语,真的是非常累人。

因为总是睡眠不足,在生了贤镇之后一年多的时间里,我嘴角的疱疹炎症几乎从未消除过。有时实在太累了,也曾想过:"好吧,我也像你一样每天只是躺倒睡觉或是吃奶吧。"动过放弃的念头。不过,当我看到我用韩语问孩子用韩语答、我用英语问孩子用英语答之后,便对双重语言环境的作用深信不疑了。

在贤镇11个月左右的时候,我趁着她攥着奶瓶喝奶的工夫,就用自己的手摆各种造型给她看,并且按顺序指着10个手指头从1到10数给她听。然后问她："哪个是1？"她就会一下抓住大拇指。有一天我用英语试了一下，把10个手指头按照从one到ten的顺序一个一个指给她看，然后说"one"，她就会去抓我的大拇指。几天之后问她："Where is five?"她就会用正攥着奶瓶的手指头去指与"5"对应的小手指。一周之后，我用日语教她"いち（一）、に（二）、さん（三）、し（四）"之后，一说"ご（五）"，她就会去指那个相应的手指头。再过几天又用汉语教"一，二，三，四"，这次也指对了。那时我就知道了："啊，原来这小家伙虽然不会说话，但都能听懂呢！"

有一天我结束节目之后下班有些晚，回家后和平时一样说着"Hi! Toby."和贤镇打招呼，但直到昨天还只会"嗯嗯嗯"地回应的孩子，那天竟然也回答我说："Hi!"紧接着我问："哎哟，我们贤镇今天在家过得好吗？"这次孩子就回答："好。"我心里想着，哇，这是怎么回事儿啊，就又用汉语说："你好！"孩子也用汉语回答说："你好！"那个时候已经将近凌晨3点，我感动得实在不能自已，甚至还吵醒了熟睡中的丈夫，整个清晨都欢天喜地的。从第二天开始，如果我问："一起玩吧？"贤镇就会回答："嗯。"如果问："You wanna play?"她就会回答："Yes."

某一天，亲戚们聚到一起，一边递巧克力给贤镇，一边问："What's this?"贤镇就用相当标准的英式卷舌音回答："Chocolate."再用日语问："これなんですか？"贤镇便回答说："チョコレート。"最后用韩语问："이거 뭘까, 현진아？（这是什么啊，贤镇？）"得到的回答是："초코렛。（巧克力。）"大家都非常惊讶，直夸贤镇既聪明又可爱。

从那时起我就有了自信："啊，教会贤镇四国语言是可能的啊！"

那种感觉就像是之前那些辛苦都有了回报似的,突然全身充满了力气,肚子也不饿了,也不觉得困了。

和我用同样的方式给孩子灌输外语的妈妈们,在这个时期聚在一起讨论的也是这个话题。"老师,真神奇!我用英语问,孩子竟然用英语回答我了!"如果问:"What's this?"孩子就会用英语回答:"Banana."如果用韩语问:"这是什么?"孩子就会回答:"香蕉。"收到这样的成果,大家既吃惊又兴奋。

通常孩子出生36个月之后开始频繁张口说话。我就决定在此之前,即使是一点点,也要坚持每天让贤镇接触英语,充满热情地给她灌输英语。

但也不是教她多复杂、多优美的句子,而是说符合那个时期水平的几句话,最少重复3个月。虽然这样会比其他孩子的学话进度慢,但能够听懂、区分各个语言并正确回答这件事本身就已经很了不起,不必再贪心了。

如果只摘一棵苹果树的果实,那么很快就能摘完。但如果同时想把苹果树、梨树、柿子树上的果实都摘下来,自然需要更多的时间。学语言也是同样的道理。

当时以丈夫为首,周围很多人都反对我的教育方式,都说学会韩语之后再学其他语言不也行吗?干吗非要这么拼死拼活地教四国语言,觉得"没用,太过头了"。

但是我相信,在幼儿时期,孩子还没意识到某种语言是外语,此时让她听多样的声音为她灌输,对孩子来说反而更容易接受。贤镇就一点儿没觉得辛苦,她觉得自己只是在回答妈妈每天都会反复问的问题罢了。

说实话,韩国并没有完善的双重语言环境。即使有吃了秤砣铁了心的妈妈,在幼儿时期坚持每天一半的时间和孩子说母语,一半的时间和孩子说英语,但能具备这种程度的英语实力的妈妈还是少之又少。不仅如此,以后孩子上了幼儿园、小学,都是说母语的环境,想要培养孩子讲双重语言更是绝对不可能的事了。

我通过自身经历明白一个道理:不论是两种语言还是四种语言,不管三七二十一只专注于长时间大量说绝不是最好的选择。当然,虽然越是多接触,孩子就会越快张嘴说,但更好的选择是每天一点点,坚持说给孩子听。

在演讲会上,妈妈们经常这样对我说:"老师,我一天到晚都用英语和孩子说话,可孩子一点儿反应也没有,不想跟我学。"

虽然一整天都用英语和孩子说话是一件了不起的事情,但事实上,一味地多说并不是最重要的。英语要说得"短小精悍"才行。即使每天只说 10~20 分钟,也要努力让孩子深深地刻在大脑里。我们换个立场想想吧!如果让一个成年人一天听 5 个小时的对话磁带,让他跟着学,会有什么结果呢?肯定会累得瘫倒在地。但如果只是每天学习 5 分钟,就能坚持很久。语言学这个东西,并不是一味长时间学习或大量学习就是好的,而应该是在短时间内准确高效地学习,并要每天坚持。

如果我在教贤镇外语的时候,不管是英语还是日语,每天紧抓住她不放，一学就是一两个小时的话，她早就厌倦了，会认为语言学只是毫无趣味而言的功课罢了。就算是再好玩的积木游戏，玩5分钟就会厌倦而想要做别的事儿，这是孩子正常的表现。不管再怎么喜欢剪纸，如果让他连续剪3个小时，没有哪个孩子会坚持到最后。

幼儿时期，孩子在任何一件事情上保持注意力集中的时间最多只有10分钟。即使是有毅力的孩子，也多不过20分钟。可以说，没有哪个家长会为了给孩子创造双重语言环境而一整天都和孩子说英语的，孩子也不可能保持精神集中那么长时间。

我作为一个靠英语谋生的人，也绝对不可能创造出一个完美的双重语言环境来培育孩子。在贤镇婴儿时期，我为了做早间节目，凌晨4点就要出门，结束全部拍摄和录音回到家里就已经是子夜了。奇怪的是，贤镇在凌晨的时候通常都是醒着的，因为时间太晚了，我只能陪她玩10~20分钟而已。但虽然只有10分钟，可我一天都没有间断过。不管是出去旅行，还是孩子生病住院，就算是一句话、一首歌，我也坚持不间断。

质重于量！学英语就要做到"一点点积累，每天坚持不懈"。

- 在出生后36个月之内，孩子都具有区分不同语言的能力。
- 不要贪图完美的双重语言环境，要坚持每天让孩子一点一滴地亲近英语。
- 学英语质重于量，要在短时间内准确高效地学习，并要坚持每天学习一点点。

食物英语
和身体英语
所具有的惊人效果

贤镇开始断奶吃各种辅食的时候，我通常会在她旁边这样和她说话："吃饭饭啦~""Yum-yum time~"

没过多长时间，贤镇一听到"yum-yum"的声音就知道该吃饭了，直始流口水。如果我说"我还要"，她就会把嘴"啊"地张开；如果我一边把她手里的勺子拿走，一边说"吃饱啦，不能再吃了。""That's enough."她就会把勺子放下来，知道现在不能再吃了。虽然没有单独教她单词的意思，但她也能凭眼色和习惯听得懂。我和贤镇的饭桌英语，即食物英语从那个时候就已经开始了。

孩子的注意力最集中的时刻就是他大口吸奶的时候，即吃东西的时间。在孩子舔东西时，不仅嘴周围的肌肉很发达，血液也会瞬间大量供给大脑，使大脑更加活跃。如果在这个节骨眼儿和孩子说话，就能给孩子的大脑丰富的刺激，使其比任何时候都容易集中精神。所以，如果在孩子舔着什么或是咀嚼食物的时候和他说话，效果会非常显著。这就是食物英语所带来的不可思议的效果。

"贤镇，你在舔什么呢？原来在舔铃铛呢！"

"What are you sucking? You're sucking rattle!" "Sucking, sucking." "Rattle, rattle."

和孩子说话的同时，我也随便拿一个东西，模仿她舔的样子。就这样到贤镇8个月大的时候，只要我一边说"sucking, sucking"，一边拿着糖假装要去舔，她就能听懂，冲过来想要吃糖。

通常，只要孩子一舔手指头，大部分妈妈都会喊"不行！不要舔！脏脏"，并忙把孩子的手指从嘴里拿出来。因为都怕孩子养成舔手指头的坏习惯。

我也是很晚才发现，如果在孩子舔着什么东西的时候和她说话，她的注意力最集中。从那之后，我只要看到贤镇在舔东西，就和她说英语，竟然产生了神奇的效果。所以我才能从幼儿时期就开始这种用孩子最喜欢的食物教英语的"食物英语教学法"，即"饭桌英语教学法"。

除了舔东西之外，还能集中孩子注意力的就是他自己的身体。做长个子的拉伸运动的时候、洗澡的时候、在睡觉之前给孩子做按摩以帮助其放松肌肉的时候，我常常会灵活运用身体英语。其中，给孩子全身做放松按摩的时间是身体英语效果最显著的时候。这是因为按摩能促进血液循环，使大脑更集中。

每次给贤镇洗澡的时候，我都会轻声哼唱。

"洗洗脸吧 ~Wash your Face~"

"擦擦脖子吧 ~Wash your Neck~"

第一周的每天只说脸："Wash your face~"接下来按照脖子、肚子等顺序每周增加一个部位。这就是身体英语的开始。

不过，在进行身体英语的时候，如果妈妈想教孩子"nose（鼻子）"这个单词，只指着自己的鼻子是不对的。应该握住孩子的手，先指一下自己的鼻子，再指一下孩子的鼻子，这样边指边按顺序说："Mommy's Nose! Your Nose! Nose, nose!"因为这样做孩子就会把单词和自己的身体联系起来，更容易接受。

在愉快的按摩时间，按摩孩子肚子的时候说"Tummy~tummy"，按摩胸部的时候说"Boob~boob~boob"。像"stomach（肚子）"和"breast（胸部）"这些成人用的、比较难的词汇尽量不去用。大部分妈妈认为婴儿用语是不好的，以为一定要教孩子有难度的单词才行。其实不然。对于孩子来说，"奶奶"远比"妈妈的奶水"来得更简单一样。因为婴儿用语发音较简单，又有节奏感，所以在婴儿时期往往更有效果。刚开始的时候，我先说一遍韩语再说一遍英语，慢慢地等到觉得孩子两种语言都能完全听懂之后，才只用英语和她说话。

实际上，在进行食物英语、身体英语的过程中，最让我开心的就是那些和孩子在一起玩闹、开怀大笑的时光。

其实我心里一直有一种负罪感，觉得我这个妈当得太不合格了。因为我需要上班，所以没办法一整天都陪着孩子，甚至要到深夜12点才回家。

每次下班回到家之后,一直苦苦等着妈妈的贤镇都会和我轰轰烈烈地上演一场"母女相逢,热烈欢迎"的戏码。母女俩紧紧相拥,高声大喊,还咯咯地笑个不停,不是一般的闹腾。因为每天深夜我们母女俩总是大声喊叫,甚至被邻居投诉说太吵了。

无论是深夜还是凌晨,我都坚持在那短暂的10分钟之内,和正好在那时醒着的贤镇一边开心地玩游戏,一边实施身体英语。不仅仅是为了教孩子英语,也是作为一个要外出上班的妈妈,想以这种方式多陪陪孩子。

就这样从幼儿时期开始,每天至少10分钟和孩子一起玩的时间积累下来,1年、2年,一直走到了现在。就算只有10分钟,我也想把我对女儿所有的爱和热情都表现出来。

- 要积极运用孩子吃饭、呼吸、洗澡的时间。
- 不要对孩子说成年人使用的词汇。

请积极灵活地运用给孩子按摩的时间

给孩子按摩的时间是妈妈和孩子面对面交流爱和感情的不可多得的"相互对话"时间。妈妈越是经常给孩子按摩，孩子就越能和妈妈展开内心的对话，并越能感觉到自己得到了满满的爱。对孩子情绪的安定、纽带意识的形成等都能起到很好的推动作用。

在晒太阳的时候、换尿布的时候、换衣服的时候，如果能给孩子做一些类似腿部弯曲伸展、胳膊拉伸、推拿等运动练习，抚摸和刺激孩子身体的各个部位，不仅对孩子的血液循环、消化器官和排泄器官的顺畅运转有很大帮助，同时这也会成为孩子和妈妈面对面交谈的极佳时段。

给孩子按摩特别是对孩子的语言发育能起到很大的作用。随着肌肉的放松，孩子就会集中精神去听和记忆与按摩相关的母语及其英语表达。一边给孩子做按摩，一边用两种语言和孩子说话的时候，妈妈一定要注意将语言和动作保持一致，并不断重复。

用夸张的高声调，尽量张大嘴巴

孩子在妈妈肚子里的时候，因为是在充满了羊水的封闭空间里，所以他听到的声音其实并不真切，都是"嗡嗡"的声音。这种听觉状态一直会持续到出生后36个月。通常孩子在6岁之前都会比成人更容易将注意力集中于高音阶的嗓音、银铃般的声色以及有节奏感、抑扬顿挫的话语，而很难集中于没有节奏感的低声。

结婚之前，我在广播界的别名是"夸张女孩"。众所周知，朴炫英的"职业标志"就是听起来略微有些夸张的高音调的抑扬顿挫感。而成为一个孩子的妈妈后，我的别名就马上变成了"夸张妈妈"。

虽然我并不是有意识地去提高自己说话的声调，但和我的别名很相符的"夸张"的语气对我教贤镇英语却起到了很大的促进作用。所有孩子都是一样的，妈妈用平缓的低声说话，和搭配着夸张的动作高声说话，其语言的传达力和表现力有着巨大的差异。在孩子小的时候，妈妈超大幅度的动作和高嗓门对孩子语言能力的发育和性格的形成都有着不可小觑的影响力。

所谓高嗓门，并不是说一定要大声喊。对于刚刚出生的小婴儿，爸爸妈妈要先叽叽咕咕地用高音阶但又细小而温柔的声音和他说话，等过几个月之后，再逐渐转换成富有节奏感的清脆的高音，并且适当运用夸张的表现方式。多少有些过分夸张的高音能让孩子集中注意力，并立刻做出反应。

在贤镇牙牙学语的那段时间，有一件事让我暂时中止了对她的英语教学。当时我出演了MBC情景喜剧《三个朋友》，扮演朴相民的爱人，可还没演多久就被迫退出了这个节目。原因是我演得太夸张了，观众的反应不太好。为了强行控制这该死的"夸张"，我故意降低音调说话，结果角色就变得很不自然，慢慢变得可有可无，最终被退出。

那时候我正想扩大自己的工作领域、准备往娱乐界发展，出演第一个情景剧就遭遇失败，我特别伤心，变得有些抑郁。每天在孩子面前也面色阴沉、情绪低落。结果贤镇本来很活跃的牙牙学语竟然在一个月之内急速减退，总是一副闷闷不乐的表情，也不怎么玩闹，说话水平不见丝毫提高，反而好像退步了。

那时我才真正地醒悟了，原来妈妈的声音是如此重要！丈夫也数落我说："贤镇原来性格多好啊，现在这叫什么表情啊？不就是因为妈妈愁眉苦脸的,孩子才突然变得内向了吗?"我这才意识到自己继续这样是不行的,赶紧打起了精神。

我重新振作起来,回到自己原来的状态中,每天都用高音喊着"贤镇啊!嗨~"在我做出这样的改变之后,贤镇终于恢复了原本清亮的笑声和说话声。

所谓高音,并不仅仅指声音,还指口型。所有孩子都是看着妈妈的口型来记忆妈妈说的话的。不管是母语还是英语,孩子开始张口说话后,都会随之做出相应的口型。所以,妈妈一定要张大嘴巴,每一个音节都要保证发音清楚明确,这样孩子才能从一开始就学到正确的发音。如果孩子养成不用力张开嘴巴、总在嘴巴里嘟囔着说话的习惯,长大后也会成为总爱嘟囔的人。不仅英语是这样,母语也同样。

其实,这是一个非常累人的活儿。养育孩子的妈妈们本来就已经

很累了，为了孩子一生的语言习惯，还要刻意去提高声音、张大嘴巴，很快就会累得头昏脑胀。所以，妈妈在教幼儿英语的时候，体力比什么都重要。

有一次，我用日语教贤镇"妈妈"，用力张大嘴说"お母さん"，突然"呃"的一下合不上嘴了。因为特别疼，只好去了医院，检查结果竟然是我下巴脱臼了。医生问我："怎么弄成这样的？"我回答说："和孩子说着话就成这样了。"然后大家的表情都像是看到了疯女人一样。

但是对我来说，那次事件恰恰反映了我的"热情"。为了保持愉悦的高音调而弄得自己全身无力、头昏脑胀，甚至还下巴脱臼，这就是我的热情高涨的程度！

一个人能否学会准确的发音，取决于幼儿时期的说话习惯和口型。如果在幼儿时期没有养成好习惯，那么长大之后也会小声说话，口型也不会再改变。

为了让嘴部肌肉尽量多地大幅度运动，妈妈一定要陪孩子做他喜欢做的事情。在贤镇特别喜欢的歌曲中，有一首歌是这样唱的："This is the way you WASH your face / WASH your face / WASH your face~"唱这首歌的时候，我故意用力张大嘴、提高嗓门唱"wa-a-sh(wash)"。引得孩子咯咯直笑，然后她也不忘跟着我一起张大嘴巴唱。尽最大努力张嘴，使得嘴部肌肉充分伸展开来，用标准的英式发音发出"wa-a-sh"，比安安静静地发"wash"的效果要显著多了。

人们都说"3岁看大"。幼儿时期引导孩子养成良好的嘴部肌肉锻炼习惯和说话习惯非常重要。因为英语就是一种需要大幅度活动嘴部肌肉的语言。

其实所谓的说话练习，并不是多难、多专业的发声练习。**作为妈妈，为了不让孩子只是安静地听，要主动引导孩子锻炼嘴部肌肉大声说话。**不管是孩子喜欢的游戏还是歌曲，如果小时候不利用这些让他养成放声大喊的习惯，长大之后就更不可能大声说话了。

一直都不太爱说话的孩子，即使是把他送去昂贵的英语幼儿园，也不会和妈妈想象中一样好好跟着老师学。这都是由孩子的成长环境决定的。

如果是大嗓门、爱唠叨的妈妈，那么她的子女中也基本不会有说话结巴的。我在做演讲的时候会观察下面的听众，同样发现嗓门大、时常开怀大笑的妈妈们，旁边坐着的孩子都很积极；而不怎么爱说话、态度消极的妈妈们，身边的孩子也大多话很少。

虽然每个人的性格都注定不一样，但在口语方面，妈妈最好还是抱持积极的态度、发出洪亮的声音。让我们努力让自己至少在和孩子对话的时间里尽量张大嘴巴、提高嗓音吧！

妈妈实施幼儿英语教育的核心并不是流畅的英语实力，而是忍耐力、持久力和体力。希望妈妈们一定不要把孩子学英语这件大事全部托付给传言中大家都买的图书或者教材。不要指望孩子能像书里讲的那样，老老实实地步步紧跟，因为孩子很快就会厌倦。即使是很喜欢的塑料积木，也玩不了10分钟就会扔在一边。根本不会像书里讲的孩子一样长时间听话地坐着，乖乖地回答你的问题。这个时候最需要的就是妈妈的忍耐力和持久力。

带着孩子一起做事情的时候，妈妈必须大声说话，动作幅度也要尽可能大。如果做到这两点，即使只是 30 分钟也会累倒。没有必要非得让孩子坐很久，在短时间内给孩子留下非常深刻的印象就行了。这期间如果体力跟不上的话，随着时间的推移，妈妈的声音就会变小，孩子的嗓门也会随之变小。

· 平缓又冗长的语言无法让幼儿集中精神。
· 要从现在开始让孩子养成张大嘴巴正确发音的习惯。

吐唾沫、掏耳朵、闻大便的味道……绘声绘色的活力英语

大概在贤镇2周岁的某个节日里，家里来了很多亲戚，有位老人"咳"的一下吐出一口痰。贤镇看到之后就大喊："我讨厌痰！"亲戚们都哈哈大笑，说这孩子怎么什么话都会说。

贤镇之所以会说出这样的话，是因为几天前我得了感冒，曾让贤镇看我是怎么吐痰的。"来看这个，贤镇啊，你看妈妈吐出来的痰！是因为妈妈嗓子不舒服所以'咳'的一下吐出来的。" "This is phlegm!" 结果贤镇就皱着小脸儿，厌恶地说："Phlegm, NO!"看来是当时那个叫做"痰"的东西给她留下了相当深的印象。

孩子过了1周岁，大概13~15个月的时候，我就开始拿着那些画着经常见到的物件儿的图画书,用韩语和英语两种语言给她念书中的单词。不过我和贤镇一起学英语的时候,并不仅仅只看图画书或卡片,而是实实在在用眼睛看实物、用鼻子闻味道、用手去碰触,我把这称之为"刺激性英语",即灵活运用"五感"的英语。

一般开始实施幼儿英语、教孩子单词的时候,很多妈妈都有盲目相信"闪视卡片"(专门用来做练习的卡片)的倾向。而我总是坚持让孩子先看实物。

就算是闪视卡片上画了一个"comb(梳子)",孩子怎么能知道那是梳子还是别的什么?就算让孩子看着牙刷的图片,告诉她:"This is toothbrush."孩子又怎么能知道那到底是什么东西呢?孩子一定要亲眼看到实物,用手去触摸和感受,才能记忆深刻。

不要只让孩子看图片,要让孩子看到妈妈用梳子梳头的样子,同时告诉她:"I comb my hair."在洗手间用牙刷刷牙的时候告诉她:"You brush your teeth."这样反复几遍后

再给孩子看闪视卡片的话,效果会明显好得多。一边说着"comb",一边让孩子亲自摸

一摸梳子,也给孩子梳梳头;一边玩电话游戏,一边教她"phone"这个单词。就这样把家里有的这些熟悉的事物都用两种语言说给孩子听,并利用这些事物做各种游戏。

像"风""秋天""天空"等比较抽象的单词,等孩子长大一些再学也不迟。与其非得教一个从来没去过叫做"学校"的地方的小孩子

"school"这个单词，还不如教孩子吃的食物、房间里存在的物品，这些具体的实物就足够教一年了。就拿给孩子洗澡来说，洗手间、肥皂、浴缸等在这个空间里可以教的东西不知道有多少呢。

俗话说得好："百闻不如一见"。在教孩子英语时，先教那些能让孩子看到的熟悉的事物效果会更好，所以我一开始也是以家里现有的物品为主进行教学。奶瓶、杯子、椅子、袜子等这些每天接触的事物都用两种语言说给孩子听，努力做到不用母语解释孩子就能明白是什么意思。闪视卡片里如果有抽象的、孩子暂时还理解不了的单词，我就干脆全部挑出来藏到一边。

现在想想，为了让孩子看到实物，我真是尽我所能。不只是痰，在洗手间里，我一边指着贤镇刚刚拉出的大便，一边捂着鼻子说："Poo poo! Pee pee!"孩子真的去闻了味道之后就留下了强烈的印象，立刻就接受了"poo"就是大便。耳屎也是一边说"Let's take out your earwax"，一边亲自掏出来给贤镇看，告诉她："你看这耳屎！哎呀，这耳屎！让人浑身发痒的耳屎！"这样贤镇马上就记住了耳屎。

那时候我教贤镇的单词全部都是家里存在的东西，利用实际存在的物品让贤镇的感官系统变得灵敏了。

教贤镇"spoon（勺子）"的时候，就算我指着图画书中的勺子不停地说"It's spoon!"也没有用。因为勺子不是有趣的单词，孩子不会有所反应。所以我深思熟虑了很久"到底怎么做才能让孩子一下就记住呢？"我决定利用一下贤镇对巧克力布丁的喜爱。我一边用勺子舀一点儿布丁喂她，一边说："Oh! Let's eat pudding with your SPOON! Where is the SPOON? We eat it with a SPOON!"从那开始贤镇就变得非常喜欢"spoon"这个单词，只要一拿来布丁，她就能马上说出"spoon"。

我会故意问她："贤镇啊，我们吃布丁吧！这个要用什么吃呢？"孩子就会回答我："勺子！"我用英语问："What's this?"贤镇也会回答："Spoon."有一天，我比划着用手指吃布丁的样子，她摇着头说："No! SPOON!"可见已经学会灵活运用"spoon"这个单词了。这就是我为了让孩子能够灵活运用单词而做出的努力，并没有停留在仅仅让孩子认识这个单词的程度上。

如果图画书上出现了冰箱，妈妈不能只说"这叫冰箱"就结束了。我会领着孩子到厨房，让孩子紧抓着冰箱门把手，对她说："来，贤镇来试着打开冰箱吧！你打开的是什么呀？"这样引导孩子，让她回答"冰箱"。用英语也问一遍："Let's open this! What are you opening?"在孩子回答"Fridge."之后再问："Oh, really? Open the fridge! Close the fridge! Fridge~ Fridge~ What is mommy opening?"不断地反复提问和回答。就这样尽情地进行几番问答、摸一摸之后，图画书上的冰箱就会成为孩

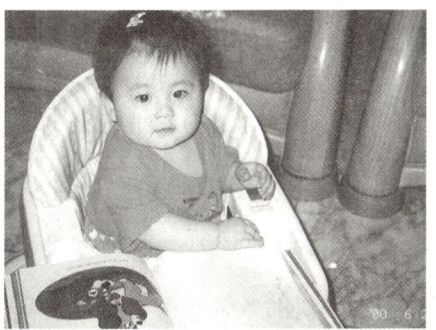

子鲜活的记忆了。

我会在平时有意识地让孩子养成用身体和感觉去正确区分某个事物的用途的习惯。因为我从小就不喜欢那种像是在空地上练习投球一样的背诵方式,所以不管是什么,我都喜欢分类教给孩子,让孩子彻底理解。

语言是一种感觉。就像"语感"这种说法一样,语感发达的人擅长学习语言,没有感觉的语言学习是没有希望可言的。

通过触摸和感觉实物来学习的"五感英语学习法",会为孩子将来的学习生活打下良好的基础。升入初高中之后,词汇会慢慢变多,需要背无数的同义词。比如,"capacity、ability、capability、talent"等单词都有"能力"这个共同的意思,但这些单词的用途却完全不同。语感发达的孩子就能够正确区分和使用。因为他们并不是用那种填鸭式的培训班的思考方式去理解,而是用直观的感觉去理解。如果从小就开始训练孩子的感觉、培养孩子的语感,就能成为他终生的习惯。

用图画单词书或闪视卡片指导孩子学英语也需要掌握要领。有些妈妈一边翻着书页一边问"What's this?"在孩子回答"Apple"之后就说:"Very good. Next!"就这样冷冰冰地一直"哗哗"往后翻。如果孩子不愿意说,妈妈就会喊"跟我学!""Repeat! Apple! Apple!"想要以这种方式把知识注入到孩子脑中。但是,像这种进度飞快的单词学习,孩子对其的记忆程度就会相对很浅,非常容易忘掉。

我通常都是用诱发孩子好奇心的方式使孩子视线集中。看着图画书中的图片，就像是发现了很了不起的东西一样咋咋呼呼的，以此来刺激她的好奇心。所以我和贤镇一起看图画单词书的时间就像在玩过家家一样。

就算是书上只是简简单单地出现了"香蕉"的图片，我也不会说"这是香蕉"就结束了，而是装作很吃惊的样子喊着："哇！你看这个！黄色的香蕉！""Long~banana!"还做出吃香蕉的样子说："啊，请给我香蕉。""Yummy~yummy. Give me a banana."就像在玩过家家一样。然后我再问她："Toby, what's this?"引导孩子亲口说出"Banana"这个答案。完全就像图画中的香蕉实际就在眼前一样。既然看图画书的时候已经做过游戏了，那么就让孩子在生活中真正去尝尝香蕉的味道吧。

搅拌器的英语是"blender"，一天我把香蕉放进搅拌器，让贤镇用手指亲自按下了开关。搅拌器便发出"嗡嗡"的声音开始搅拌，孩子还被吓了一跳。等我把做好的香蕉汁递给她，说："Banana juice! So good."她便切实地记牢了。从那以后只要一提到"blender"，她就会自然而然地说出"banana juice"。

教孩子"long（长）"这个单词时，我一边摸着自己的头发，一边尽量延长发音说"Looooong hair."然后摸着旁边她爸爸的头发，短促地说"Short hair."就这样孩子便能在视觉和感觉上马上理解"长""短"的意思了。利用反义词教英语单词效果很好。

我觉得这样还不够，就一边把家里的卷纸几乎全部散开，一边说着"哇，长！loooooooong!"来加深孩子的印象。把这两个单词教给贤镇之后，我们出门在路上看到个子高的人和高大的树木，她就会自动指着说"long"。甚至看到眼睛细长的人她也会灵活运用成"long eye"，虽然并不是很合适的说法，但这表示孩子已经意识到"long"就是指那些长长的东西。把一对反义词对比着解释给贤镇听，她总是能集中精神跟着我喊出来。

用这种方式让孩子自己思考着应用并亲口说出来才是成功的，而绝不是简简单单地"哗哗"翻着闪视卡片或单词书，死板地说："'长'是long，'短'是short。知道吧？来，下一个。"这样问一遍就能解决的事情。

并且我总是坚持多多使用有趣的拟声词，即使只是拿着一颗糖，也要一边说着"啊啊！好吃的糖！啧啧～嗯，糖真好吃！""I like this candy."一边吐着舌头，发出各种声音。

说起来容易做起来难，连丈夫都劝我说："你这样下去会筋疲力尽的。"甚至还给我做补药。可见这种教育方法有多累人。在教"碰撞"这个词的时候，我也是一边用整个身体往墙上撞，一边说"Bump! Bump! I bumped!"装作身体很疼的样子。贤镇可能留下了极其深刻的印象，一直没有忘记bump。有一天，我们开着车，从车窗看到外面出了一起交通事故，贤镇就用手指一边指着，一边喊"Bump!"

我一贯的主张就是，比起100万韩元的书，妈妈的肢体英语的价值更高。所以对贤镇来说，英语一直是伴随着鲜活的动作、能看到实物的刺激性游戏。后来贤镇在各种口语大赛中拿到冠军时，得到的评价都是"表现力非常丰富"。**这都是因为孩子已经把小时候我教她说英语的方式完全当作理所应当的方式了。**

不知是不是这个原因，贤镇长大之后也没能适应"培训班体制"。已经适应了妈妈教自己英语时所带来的强烈刺激，去了培训班实在是没有意思。因为一边吐痰、掏耳朵、观察大便，一边学习的"妈妈牌英语"，在其他地方是绝对看不到的。

孩子不敢张口说英语就是指不会输出语言。明明是说了很多次的单词，孩子心里也清楚地知道该怎么说，但很多孩子就是说不出来。原因只能是这三种情况中的一种：记得不明确；或是单词倒是知道，但就是不了解用途，不知道该什么时候用；又或是平时在做口语练习时没有发出声音，因为根本没意识到一定要说出口的必要性。在这些情况下妈妈的作用就很重要了。

妈妈一定要引导孩子实际使用已经学过的单词，并说出来。可以这样说，教"fridge(冰箱)"这个单词时，如果妈妈以危险为理由，只让孩子看图片，连冰箱门都不让孩子开的话，孩子也会就此忘记冰箱。知道"猫"是什么，但说不出"cat"这个单词或者不记得这个单词的话，十有八九就是因为妈妈没有把猫叫的声音和动作鲜活地展示给孩子，所以孩子即使学完了单词也无法马上想起来。

妈妈只有亲自做出相应的动作展示给孩子看，并且灵活运用实物，单词才能牢牢地刻在孩子的大脑里。比起昂贵的图书和模型，家里已有的每一件物品才是最鲜活的教具。妈妈一定要用全身去碰撞、展示动作，诱导孩子张口说英语。

- 能让孩子实际看到、感觉到、触摸到的英语教学方式才是最有效的。
- 小时候的语感会成为一个人终生的习惯。

即使想做也千万不要付诸行动的事情：比较、检验、强迫

贤镇是不足月就出生的、体重仅有2.6千克的早产儿，生长发育也比其他孩子稍晚。别的孩子8个月就会走路，而贤镇到了12个月才勉强能站起来；别的孩子13个月就会跑，但贤镇15个月才能做到走路稳当。别人跑的时候她走，别人走的时候她还被抱着。并且在成长的过程中大病小病不断，是医院的常客，几乎可以说是吃着药长大的。因为生病的时候要比不生病的时候多，我从来不指望她比别的孩子聪明，只要不生病就好了。所以我从最开始就不会拿贤镇和别家孩子比较。我认为比较是没有意义的。

其实，韩国妈妈特别喜欢拿自己孩子和别家孩子作比较。因为邻居家的孩子 1 周岁之前就会说什么话了，我的孩子到现在还只会说这些而坐立不安；因为别的孩子已经"搞定"多少进度了，我的孩子才刚刚学到这里，就忧心如焚地觉得是不是出大事儿了。还有很多性急的妈妈，在孩子刚过 1 周岁，看起来似乎能听懂话了，就早早地开始测试自己的孩子，想要确定自己的孩子是不是落后了。

贤镇 16 个月的时候开始会组合两个词，会说像"吃饭。""我，那里。""Mommy, rice."这样的句子。但是，人的心思就是这么诡异，最开始孩子会叫"妈妈""妈咪"就已经很感激了，可没过多长时间就开始着急地想，为什么孩子到现在还说不了一句完整的话，甚至还会责备孩子。

但是我们来好好想一下。就算是美国的孩子，在幼儿时期也不会说符合语法的长句子。可奇怪的是，只有韩国的妈妈们心里特别着急，自己给自己压力，希望自家孩子能尽快学会说完美的英语。很多妈妈在教孩子母语的时候也没见这么着急，一旦开始教英语，就莫名其妙地追求比别人"升级"的速度，完美的"实力"。这些妈妈有必要像教母语时一样学会放松心情。

孩子的成长发育，开口说话有固定的时期，但每个孩子的时期和速度都很不一样。所以，不管是母语还是英语，绝不能单凭孩子的语言能力就怀疑孩子是不是落后了，还因此去责备孩子，特别是不能和别的孩子比较或是故意去检测。

妈妈们千万不要拿自己的孩子和别的孩子作比较，因为另有符合自己孩子的进度和速度。在语言学习上，妈妈们要对自己的孩子充满信心，坚信"我家孩子完全可以学好"。

妈妈们最常犯的错误就是，总把语言当成"学习"来强迫孩子。**所谓语言，应该是不停地反复通过小游戏来慢慢熟悉的，而一旦让孩子觉得是一种"学习"，那么从那一瞬间开始所有孩子都会失去兴趣。**凭什么就因为妈妈自私和焦急的心理，就抢走孩子在那个年龄段应享有的语言的乐趣呢？

应该会有很多妈妈在内疚地思考自己是不是也像上面说的那样吧！

"这个叫什么还记得吧？上次不是说过嘛。再试试。"要么是用这种方式强迫孩子，要么就是想确认孩子到底有没有记住。虽然妈妈们应该也知道硬是强迫孩子的话，效果并不好，但大部分妈妈都曾陷入过这样的陷阱。

让我们来想一想韩语"吃饭"的各种表达方式。"想吃饭吗？""吃饭吧。""哎哟，吃饱了吗？""这儿沾上饭粒了。"这些很自然的句子在生活当中我们会不断使用，于是孩子学会了"饭"这个词，而父母并不会从一开始就说："饭！这个是饭。来跟我说，饭！饭！"英语也是同样。"Let's eat some rice." "Oh! Here's the rice." "I eat rice. You eat rice."应该是用这种方式自然而然地在日常生活中让孩子学会什么是"rice"才对。问题就在于，妈妈们总是一股脑儿地从一开始就强迫孩子像学习功课一样死记硬背英语单词。越是幼儿时期，语言越应该通过反复的游戏来"熟悉"，而绝不能把它变成"学习"。

其实说起来很容易，但我也知道在实际操作过程中，妈妈们认为最困难的是什么。即使一开始想着要尽量教得有趣些，但时间一长，妈妈们就会又累又烦，总是会笼统地说一说"来，这是红色，红色。""This is red, red."就过去了。最困难的就是，妈妈们得硬把气氛伪装成不是在"学习"的样子。

贤镇小时候犯过一次大错。在贤镇大概15个月大的时候，有一次我发现家里有一本书被撕得粉碎。当时家里养了一只小狗，但小狗唯一不会去碰的就是书。因为"珍惜书"是我们家的信条，从小贤镇如果把玩具弄坏，我们不会责备她，但如果在书上乱画或者撕书，我们绝不会轻易原谅她。甚至小狗也是这样训练的，所以它绝对不会撕书或者在书上拉撒。

后来我发现原来是贤镇把一整本书撕碎的。我非常生气地大喊："谁干的？"孩子一听就逃到奶奶房间里了。我抓住她训了好一会儿，还打了好几下屁股。我捡起贤镇撕碎的书看了一下，才想起前一天我曾拿着这本书强迫她反复学习的事。我不停地问她："What's this?"想让她学习。孩子是多讨厌被强迫着学习，才会把书撕了啊！

那时候是经验不足，不懂。因为这件事我才彻底明白，妈妈绝对不能露出一点儿要教育孩子的架势。

像这样的事例我从别的妈妈那里也听到很多。孩子并不是讨厌书本身，而是讨厌妈妈抓着自己，说着"再试一次！""One more time! Say it! Repeat!"强迫自己学习的书。相反，如果是孩子自己喜欢的书，和妈妈一起哈哈大笑着看的书，在妈妈拿起来之前，孩子就会自己先拿来要求"给我读"，即使妈妈说"就看到这儿吧"，孩子反而会缠着妈妈要求"再来！再读一次"。

通过那件事我深刻地觉悟和反省了。虽然开始是想让孩子学得有趣一些，但一旦稍微贪心，就会暂时忘记初衷，不知不觉会强迫孩子学习,而结果就通过一本撕碎的书显现了出来。

从那以后我改变了方法。如果对贤镇说:"来,这是红色,红色!"孩子一点儿也不感兴趣,我就会说:"来抓红球吧!"然后像做游戏一样诱导孩子,故意不拿红色的球,而是拿着黄色的球说:"这是红球!"孩子就会发出否认的声音,一边摇头一边自己说:"黄色。"

英语也是同样。如果强迫孩子记住:"This is a Red ball. Red! Red!"孩子死也不想学。但如果像做游戏一样用夸张的声音喊:"Wow! Red ball!"孩子就会主动想去抓红色的球。那时我会故意问她:"Yellow ball?"孩子便会使劲儿摇头,自己说出"Red"这个词。

故意说错、故意绕着圈儿说话并不是什么特别的方法。只是因为要开动脑筋想办法尽可能让孩子记得牢,所以比较辛苦。但比起强迫学习,这样学习孩子更能感受到乐趣,从而更深刻地记在脑子里。

· 不要人为制造学习的气氛。
· 幼儿的语言发育快慢不同。不要太着急。

即使很烦也请诚心诚意地回答

所有三四岁大的孩子都会弄得妈妈很烦,因为他们一整天都在问:"这是什么?"明明知道的东西也要问:"这是什么?"刚刚告之的东西还要问:"这是什么?那是什么?是什么?是什么?"所以父母们烦得要命。贤镇这么大的时候也特别爱问"这是什么。"明明刚才告诉她"这是手表",她还回应"嗯",一转身又问"这是什么?"即使说着"刚才不是说了吗,手表。"又回答一遍,她还会再问:"这是什么?"同样的问题重复了上百遍之后我不禁会想:"发什么疯?"分不清这是孩子拿妈妈耍着玩呢,还是开玩笑呢。其实所有的孩子都会这样。大部分妈妈在这个时候会因为烦躁而发火,开始还能笼统地回应,后来干脆就不回答了。但是,据说这个时期父母一定要诚心诚意地详细回答孩子的问题,才有利于孩子的语言发育。

每次贤镇问我"这是什么"的时候,我都不会只是简简单单地回答"手表",而是每次都回答不同的答案。"手~表。""那个是黑色的手表。""这个是圆圆的手表。"用这种方式渐渐增加内容,不断变换修饰语。"这是小小的手表。""那是很贵的手表。"听了我的回答,孩子就问:"那个很贵?"我就回答:"是啊,妈妈花了这~么多钱呢。"孩子再问:"钱?"我再回答:"嗯,钱!你的迷你娃娃是用钱买的!"这次是用"钱"添枝加叶,引导孩子提出不同的问题。每次我都会像这样诚心诚意地回答她。然后渐渐变换成英语。"It's money!"这时候贤镇完全不需要翻译或说明就能听懂。因为我已经用母语告诉她无数次了。

在婴幼儿期和孩子玩游戏英语的要领

像唱歌似的带有韵律感地说

对幼儿说话的节奏感很重要。在EBS的人气幼儿节目《放屁大王吭吭》里,主持人问孩子们:"准备好了吗?"孩子们就会很有节奏感地回答:"是,是,是,是,是。"这就叫做韵律语言。妈妈问孩子肚子饿不饿的时候也不要平平淡淡地问:"Are you hungry?"而是像唱歌似的问:"Are~re you~ou hun~gry~y?"重复两次之后孩子就会觉得有趣并跟着学起来。因为在幼儿时期,妈妈的心情和语调很"高亢(up)"的话,孩子也会跟着"高亢"起来。

孩子说话的次数刚变多的时候，我就开始把所有的话都带节奏感地说两遍。比如，"吃饭吧~我的贤镇，吃饭吧~！""Let's have yum-yum, let's have yum-yum."就这样坚持说两遍，孩子也记得清楚，觉得有趣。

养成了兴高采烈地、有节奏地反复说话的习惯之后，贤镇也把这个当作有趣的语言游戏，不停重复我教给她的话。有一天，贤镇看到我擤鼻子，就说："妈妈脏。""You're dirty dirty dirty~"一整天都唱着"dirty~dirty~dirty~"。

即使是说同样的话，如果孩子养成了有节奏感地重复说话的习惯，那么妈妈不用逼迫，孩子也会自己开心地不停反复说话。对孩子来说，这不是学习，而是语言游戏。妈妈在孩子幼儿时期最好能制造出这种像玩耍一样的轻松气氛。

灵活运用假想的朋友——布娃娃

幼儿时期学习效果最显著的要数灵活运用布娃娃进行的游戏英语了。孩子从三四岁开始，便开始对妈妈以外的同龄孩子产生兴趣，模仿行为也会达到顶峰。贤镇那个时期也喜欢一整天和布娃娃玩。我躲在布娃娃后面，假装用布娃娃的声音说："你好，Hi！""对不起，Sorry！"贤镇也会跟着说。她一度非常喜欢和布娃娃玩这种角色游戏。

举例来说。在玩色彩游戏时，我先拿着粉红色的笔放在布娃娃面前，问："Is this red?"然后再用布娃娃的声音回答："No, it's pink."

我是借助布娃娃把贤镇应该说的回答先示范给她看。然后我问贤镇:"Is this red?"贤镇就会马上回答:"No, it's pink."这是她把布娃娃说过的话完全一样地模仿了一遍。

不过,在利用布娃娃做角色游戏时有一点需要注意——不能让布娃娃代替孩子成为主人公。要让孩子感觉到,游戏的主体是自己。

在贤镇喜欢的熊娃娃中有一只叫"咪咪"。我总会扮成咪咪很羡慕贤镇的样子。我故意制造出咪咪不如贤镇的情况,然后对咪咪说:"哎哟,你为什么说不好呢?快跟贤镇姐姐学学。"用这种方式帮贤镇树立自信心。

例如,我先问咪咪:"What's wrong? Why are you crying?(怎么了?你为什么哭啊?)"再用咪咪的声音回答:"Because I'm sad.(因为我很伤心。)"接着我假扮成咪咪问贤镇同样的问题:"Why are you crying?(你为什么哭?)"贤镇就会稍微迟疑一下说:"Because...(因为……)"试着去模仿刚才咪咪说过的回答。就算贤镇的回答有些生疏,我也会对咪咪说:"咪咪啊,贤镇姐姐是不是说得很棒?鼓掌!""She's good, right?"然后和咪咪一起做出羡慕的样子。

在利用布娃娃进行游戏英语时，千万不能让孩子产生被布娃娃无视的感觉，也不能让布娃娃比孩子说得好。布娃娃绝对不是主体，只是扮演着一开始吸引孩子注意力的作用。主人公是孩子，要一直保持布娃娃跟孩子学的样子。

如果咪咪羡慕地缠着贤镇说："姐姐，再说一次吧。""Please one more time."贤镇就会兴奋地表现出积极的态度，产生自信心。在贤镇不想说英语的时候，我就装作咪咪非常羡慕贤镇的样子，不停地称赞她。

所有的孩子都一样，只要妈妈在旁边不停地表扬他"说得好"，孩子就会产生自信心，积极主动地去说。这个世界上任何一个孩子都不会喜欢妈妈一直压迫着自己，不停地说："再说一次。""像咪咪一样说说看。""像妈妈一样说说看。"

实际上，我也是在经历了实践错误后才意识到这个问题的。我曾经对贤镇说："你看，咪咪说得多好。"结果反而让孩子变得胆怯了。一听我这样说，贤镇就马上喊："我不说了！"开始闹脾气，讨厌咪咪。第二天我甚至发现咪咪的头发被"咔嚓"一下剪掉了！那时我才明白："啊，原来是我错了。"

从那开始，再做游戏英语时，我就把咪咪的角色完全换了过来。咪咪总是在讨好贤镇，而我只表扬贤镇，在比赛的时候咪咪总是不如贤镇。这样贤镇也产生了自信心，开始相信自己说得很好。虽然这样做可能会让孩子养成一种"我说得最好"的类似"公主病"的态度，但在语言学中，这种自信心非常重要。

如果不给孩子培养自信心，和布娃娃一起学英语的初期就很难看到效果。"我让布娃娃扮成老师,但孩子不爱跟着布娃娃学。"在实际操作中很多妈妈有这样的苦恼。这种情况十有八九都是因为孩子没有从布娃娃那里找到自信心,反而受到了打击。

在游乐园学习有趣的英语

贤镇3岁左右的时候,不管我怎么用闪视卡片教她"push"和"pull",她一点儿都不感兴趣。

但是我把她带到游乐园,让她坐上秋千,推的时候大喊"Push",往后拉的时候大喊"Pull",孩子便咯咯笑个不停,很高兴地玩了好一会儿。

大概20分钟后我也累了,想要休息一会儿,就停下了动作,贤镇竟然主动抓着我的衣角,缠着我说:"Push, push!"这表示她已经知道了"push"就是推的意思。

在房间里举着卡片说"这是push,跟我说"的时候,贤镇根本不理我,可到游乐园玩了一次,就学会自己说"push, pull"了。那是因为她觉得非常有趣,很喜欢。

用反义词和相关词添枝加叶地学习

从3岁起,孩子就能很好地理解反义词的概念了。如果妈妈从这个时候开始教孩子反义词,他的词汇量就会像海绵吸水一样猛增。因为只需要教一个单词,孩子就能连同这个单词的反义词一起成双成对地记忆了。在上幼儿园之前的这段时期，通过学习反义词和对比的方式来玩游戏英语，会收到非常好的效果。

在这个时期，我会把对比的感觉通过鲜明的语言和动作表现出来。比如，让孩子看着大箱子，用母语故意大声说："大！Big！"看小箱子的时候就小声说："小，small~"这样一来对比效果就很明显，孩子也能比较容易地理解和记住。故意背着很沉的书，吭哧吭哧，一步三晃荡地说："Heavy！"之后又拿起一张又薄又轻的纸说："Light~"即使不用母语再解释一遍，孩子也能马上理解了。一会儿哈哈大笑着说"Happy！"一会儿装作呜呜大哭的样子说"Sad！"单凭面部表情就能形成对比，单词的意思马上就记住了。

这种反义词游戏特别是在同时教孩子几门外语的时候效果更显著。比如，用汉语说"长"这个词的时候，"chang~"这样拖长了说，说"短"这个词的时候就短促地说"duan"，孩子就马上记住了这两个词。

先以"长—短""烫—凉"等简单的反义词开始，慢慢地，像"吐露—掩藏"这样有难度的反义词也可以像惯用语一样被孩子熟悉了。

幼儿时期也可以通过事物的相互关系记单词。例如，"杯子是用来喝东西的""袜子是用来穿的""冰很凉""火很烫"等。因为我懂得把单词的作用和意义联系起来，所以教的时候也相对轻松了许多。

即使只是教一个单词，我也坚持用这种方法。比如，一边梳头一边说："I brush my hair."梳完之后摸着头发说："Shiny hair."这样孩子就把"brush""shiny"联系起来理解了。再有，一边化妆一边对旁边的贤镇说："妈妈在化妆。""I'm doing make-up."画完妆之后就对她说："妈妈漂亮吧。I'm pretty."没过几天，贤镇就自动将"化妆"和"漂亮"，即"make-up"和"pretty"联系起来了。只要我在化妆，她就会说"pretty"。吃东西的时候会说"delicious"，一看到蛋糕就会说"soft"。教她水壶的时候，我也不光单纯教"kettle"这个单词，而是一边把手靠近滚烫的水壶，一边喊着"啊！烫！"然后告诉贤镇："This is a kettle. It's hot!"之后不知从哪天开始，只要问她："Kettle is?"她就会立刻联想起来回答："Hot!"

之前，有一个算命先生说贤镇在10岁之前绝对不能靠近火。所以我只要一看见火，就会对孩子说："火危险！会死掉！会出大事儿！"交代她要万分小心。不知从什么时候开始，只要一提到"火"，贤镇就会马上想起"死"。甚至她现在已经是小学生了，一说"fire"还会马上说出："I don't want to die.（我不想死。）"

所以，即使只是教一个单词，妈妈也要开始添枝加叶。特别是用两种语言说颜色和图形，努力和其他事物联系起来教，效果非常好。不要像其他妈妈那样，用闪视卡片问："What's this?"孩子如果回答"Red"就马上换下一个，而是要造几个有关系的句子，同时教授其他单词。这样一来，单单是色彩就能学一个月。

比如，先教"red（红色）"，再让孩子看红色的帽子，说："I wear red hat."自然而然地连带"wear"一起教给孩子。实际上，虽然是在教颜色，但是和孩子玩一会儿就会自然出现其他附加的英语单词，孩子也很享受这种玩耍的方式。这样坚持一段时间之后，就可以做各种游戏轮换着学习色彩、动作、图形等。

如果我想教贤镇方书桌，就会问她："Where is the square table?"

孩子就会指着自己的小方桌。如果问："妈妈的眼珠呢？""My eyeballs are?"她就会回答："Round!"然后再出其不意地指着鼻孔问她："Nostrils are?"孩子这次还会回答："Round!"就这样不断让孩子熟悉"round（圆）"的意思。家里所有东西都成为了贤镇进行图形游戏的对象，在这基础上添枝加叶后，就会大幅度地提高词汇量了。

不要用妈妈的水平作参照，要符合孩子的水平

在书店里能够看到，市面上出版了很多妈妈和孩子一起玩的游戏英语书和玩具英语书。但是，当中大部分的书我看过之后都表示怀疑。

"这个到底是想让韩国的妈妈们怎么跟着学？"

甚至有的书连我都觉得太难了，实在是跟不上。比如，在某本会话书上，妈妈竟然用英语对孩子说这样的话："从现在开始和我一起玩国际象棋。在这个象棋里马是怎样怎样～"让妈妈对孩子说这样的句子本身已经很可笑了，孩子会按照书中讲的正确答案回答的说法根本就不可信。有的玩具英语书竟然让3岁之前的孩子和妈妈一起玩匍匐前进的游戏。"来，从现在开始趴下，压低身体，试着爬行。"还让妈妈说这种复杂的英语句子。实在是无法理解。

让尚在吮手指的小孩子去玩那些既复杂又陌生的游戏已经很奇怪了，还让妈妈一边说又长又难的英语句子，一边和孩子进行游戏英语，仔细一想就觉得"不是这么回事儿"。这些游戏除非是让能够流畅地说英语的人来做，一般妈妈怎么可能做到？

不过韩国妈妈在英语学习上本就很积极，所以偶尔也会做出一些

勉强的事。有些不是为了孩子，而是为了自己学英语，这样的妈妈最让人无可奈何。妈妈先用英语说一句很长的句子，然后再兴奋地回答自己："All right. You did a good job!"完全是妈妈自己在吟诵英语，孩子只会大概听一听，注意力根本没在这里。

真正的游戏英语一定要符合孩子的水平，绝对不能发生妈妈自己冲到前面或是用妈妈的水平作参照这样的事情。韩国早期英语教育的虚和实就在这里。有相当一部分妈妈认为只要尽可能多地对孩子说英语就可以。这是极大的错觉。

所谓游戏英语，并不是让妈妈用游戏"教"孩子学英语，也不是说孩子根本听不懂的话也必须用英语灌输给孩子听，而是在孩子喜欢的东西上略微附加上一点儿英语。与其只用英语说一些孩子听不懂的话，不如用母语和英语两种语言对孩子说他能听得懂的话，只需要做到让孩子听懂并觉得有趣就可以了。就算是孩子，也要先听懂是什么意思才能产生兴趣，不是吗？

所谓的双重语言教育，并非指同时教会孩子说完美无缺的母语和英语，而是以母语为基础，熟悉了母语之后，再慢慢附加上英语，从而逐渐掌握的方式。

千万不要勉强。妈妈说得好不好并不重要，重要的是孩子能不能做得到。

语法要在生活中自然而然地授予

我们在学习母语的时候，谁都不会从一开始就学语法。当我们用

"在"这个词的时候，没有人教过"在"是介词，也没有人教过"我"是主语，"饿"是谓语，谓语要放在主语后面，说成"我饿。"但奇怪的是，偏偏英语就要从小学开始背形容词和副词，非得采取艰难的学习方式。

如果真的想让孩子把外语学得和母语一样，只需要像学习母语时那样，按照孩子的成长阶段和发育阶段教就可以了，完全没有必要辛苦地超前学习语法。

孩子到了三四岁之后，就开始理解语言的规则。即使妈妈不特意去教过去时要在句尾加"了"，孩子也会在听了无数次"你吃饭了吗？"之后自动学会。在学习区分"来"和"去"的时候，妈妈也只要重复几遍"过来""过去""拿来""拿去"，孩子自然就会理解。

这些都不是谁用语法教给孩子的，而是在生活中听过、说过几次之后自然而然就学会的。即并非通过练习语法去学习过去时、现在时，而是平时听过很多次的句子，亲自说过几次后，就能产生的一种符合语法的正确的表达能力。所以，如果想用对语法，就不要特意去教语法，只要妈妈多说符合语法的话，让孩子多听就可以了。

用英语教孩子数字和复数的概念时，我嘴里说着"five apples""five clocks"，把家里所有物品的名词都替换一遍，很自然地在单词后面加上了"s"。"There is one finger. One finger is lonely. I need two fingers."以这种方式强调"fingers"。如果孩子失误说成"One apples"，我就会纠正说："One apple, two APPLES!"有意强调后半部分。这样的话孩子自己就能根据声音、感觉和眼色看出："啊哈！

不管是什么东西，只有一个的时候是不发's'这个音的啊。"由此就掌握了只有在好几个的情况下才会发"s"的音。我就是通过这种方式让贤镇学会复数的概念的。我从来都没对贤镇说过"复数要在名词后面加's'"这样的话。

- 充分利用布娃娃，使之成为孩子学习英语的好伙伴。
- 游戏英语要尽可能简单，不要按照妈妈的英语水平来设计，要符合孩子的水平。

要从小通过礼节性语言培养孩子的好习惯

经常有人说贤镇"懂礼貌"。谁给了什么东西之后马上会说"Thank you",不小心和别人撞了一下也几乎会反射性地马上说出"I'm sorry"或"Excuse me"。其实在家里她有时会很固执,会耍赖,但说话的时候一定会遵守礼节。因为我一直在有意识地培养她这种习惯。从贤镇出生开始,我不管对她说什么都是用敬语,说英语时也一定会加上"please"。所以贤镇也养成了这样的习惯,想要一个什么东西时也会加上"please",比如"Apple, please",再比如用"Would you like to..."代替"Do you want to..."。

生活礼节必须从孩子三四岁开始用心培养,使之成为其终生的习惯。"对不起、您好、谢谢"这样的礼貌用语、从别人手中接物品时用双手接的习惯,像这样的言语和行为上的礼节都应该教给孩子。

要用英语学会说"Thank you(谢谢)""You're welcome(不客气)""I'm sorry(对不起)""That's okay(好的)"这样的话。比如,听到别人说"Don't cry.(别哭了)"之后,要回答"Yes, I will.(好的)";要一边握手一边问候"How do you do?(您好)"等等。这些有礼貌的言语和行为要同时养成习惯。走在路上和别人撞了一下也要马上讲"Excuse me(打扰了)"或"ごめんなさい(不好意思)"。为了让贤镇切实养成这种好习惯,我用心教了3个月。吃完饭之后要先用母语说"잘 먹었습니다.(我吃好了。)"再用日语说"ごちそうさま."然后是英语"This was great."。这些礼貌用语就和行为一起成为了习惯。

从婴幼儿期开始，学习欢快的英语童谣

　　贤镇从1岁起便开始听韩语、英语、日语、汉语四种语言的童谣和摇篮曲，一直持续了整整5年。

　　在英语童谣方面，我多选用世界上所有人都知道的童谣。比如，*Three bears*（《3只熊》）、*Happy birthday to you*（《生日快乐歌》）、*Ten little Indian boys*（《10个印第安小男孩》），还有"一闪一闪亮晶晶 / 满天都是小星星 / 高高挂在天空中 / 好像宝石放光明……"我收集了很多类似的童谣磁带。汉语童谣是专门到华侨学校门前找到的，日语童谣则是到东部二村洞一带的日本人学校附近买到的。我分四种语言整理收集了50多首这样的童谣磁带。

一个月之内只反复放一首，直到贤镇把四种语言的同一首歌全都听熟为止。每次我都会让贤镇看到我在和她一起开心地听歌。等贤镇完全听熟之后，我就会在她醒着的时候抱着她，让她看着我的口型唱给她听。贤镇看到我给她唱歌，就会发出"呜呜呜"的声音。即使她只是单纯地发出几个音，我也会表扬她说："嗯，唱得很好嘛。"然后继续给她唱，还抱着她摇来摇去，让她觉得自己在和我一起唱歌。

这个时候一定要谨记一点，那就是妈妈绝对不能只放磁带就觉得万事大吉了。如果只放磁带，而妈妈不跟着一起唱的话，孩子也不会想跟着学。我就是在给贤镇放童谣磁带的同时，亲自唱给她听，无限制地重复，直到她听熟为止。

因为"听"自然在"说"之前，所以几个月之后，孩子在此期间听的童谣都能记住，但尚且还不到能用嘴跟着唱出来的程度。

但是，即使孩子的嘴部肌肉还没有发育到可以唱歌的程度，妈妈也要和孩子面对面，做出夸张的、正确的口型，让孩子能够看到并听到那首歌的发音。这样的话，如果妈妈唱"杰克兔子～杰克兔子"，孩子就会盯着妈妈的口型看一会儿，并张嘴跟着发出最后一个音节"子"，唱"你要去哪里"的话，就会跟着发出"里"这个音。

教过孩子童谣的妈妈们就会知道，孩子一开始只能跟着唱最简单的单音节或最后一个音节，而不是整句歌词。

我和贤镇面对着面，嘴对着嘴，如果她学着模仿"去哪里"的"里"，我就会和她一起咯咯地笑。就这样过了3个月左右，贤镇才开始能发出"句那儿你"这样的音，一定程度上等于从孩子嘴中唱出相似的歌词了。如果用游泳来比喻的话，就是一开始妈妈紧抓着孩子练习蹬水，现在只要妈妈轻轻托起孩子的腰部，他就能自己去蹬水了。

等贤镇到 18 个月左右的时候，"去哪里"就能说得比较相似，"蹦蹦跳跳"也开始能发出相像的音了。我那时就想："啊，太好了，现在该知道蹦蹦跳跳是什么意思了吧。"

在学童谣的过程中，母语还是最重要的。要先用母语让孩子完全理解歌词的意思，将歌词刻在孩子脑中之后，再用英语唱给他听就会很容易被接受。比如，贤镇在唱"Jack rabbit~Jack rabbit~"的时候，我并没有告诉她这是"杰克兔子"的意思，贤镇也知道那是杰克兔子。一唱"hopping hopping"，孩子也能马上理解那是"蹦蹦跳跳"的意思。

同样，我也用汉语和日语给贤镇唱了很多童谣。就这样一直到贤镇 5 岁，几乎都只用童谣教英语了，完全没有教她字母和音标。

大部分妈妈都喜欢早早地让孩子读童话书，教孩子学字母，并且还分阶段买来据说是有名的英语或母语教材，从孩子 13 个月或 16 个月就开始读书给他听，甚至请家教读给孩子听。这其中很大一部分妈妈会有这样的苦恼："我家孩子不怎么爱学。"

这是理所当然的事情。他还只是个小孩子呀！小孩子是不可能努力专心去听书的内容的。就算是一流的厨师做出再好吃的高级生鱼片料理，小孩子能觉得好吃吗？这个年龄的孩子还接受不了那种味道。

所有这个年龄段的孩子都只会集中注意力在妈妈的声音、和妈妈玩的游戏，还有家里熟悉的物件、和日常生活相关的词汇上，而和他们距离遥远的外部世界的词汇、陌生的练习册是绝对无法吸引他们的注意力的。我如果教贤镇"a、b、c、d"的话，她也会不理不睬，但一说到大便和小便，即使她在一边玩耍，也总是会自己跑过来。

　　幼儿时期的教育还要考虑个人差异的因素，而能观察出这点的只有妈妈。能够掌握孩子关心的是什么，从而把英语嫁接在其之上教给孩子的也不是练习册或教材，而是妈妈。

　　这个时期的孩子只会跟随妈妈，只喜欢和妈妈一起玩的游戏，绝不是温顺地坐着读书的年龄。即使是图画书，也只能是在妈妈津津有味地读给孩子听的几分钟里充当孩子一边吮手指一边玩的道具而已。四五岁之前的孩子能坚持集中注意力1分钟以上已经很困难了，更何况是硬让他读书，那太不像话了。

　　我也不是从来没有着急过，我多么希望贤镇能快快张嘴说英语啊！在长达5年的时间里，我一直在做着疲倦的战斗，心里甭提多焦急了。即使是这样，我也没有急急忙忙地赶进度，而是坚持陪孩子一起玩一起唱，直到孩子完全熟记一首歌。我懂得，孩子还小，必然需要一定的时间。

在不知不觉中，和贤镇一起笑一起玩闹成为了我日常生活的一部分。在别的妈妈给孩子读幼儿英语童话书、教孩子学字母的时候，我却在和贤镇一起高兴地学习用四国语言唱50首童谣，而且用了整整5年的时间。但其成果却是惊人的。

· 如果坚持教婴幼儿时期的孩子唱翻译成英语的本土童谣和全世界统一的童谣，就能使其英语实力以惊人的速度提升。
· 不要只让孩子听童谣，妈妈要和孩子一起唱。

这样灵活运用幼儿图画书效果最好

1周岁之前：
不需要给孩子读书或让孩子看书

大部分妈妈都错以为越早让孩子接触单词和图书，学习效果会越好。有很多妈妈给未满1周岁的孩子读书，甚至还有一些妈妈问："给6个月的孩子看幼儿童话书或幼儿节目不好吗？"并炫耀说让自家孩子看完了图画书《雪人》。有一段时期还曾流行过给孩子读英语圣经。我真想用一句话总结：都是疯子的行为。因为在孩子出生后24个月之内，再怎么让他抱着英语故事书看都不会有什么效果。

我也曾经在这一点上犯过错误。孩子在4岁之后才真正会读绘本故事书，我连这个都不知道，满怀期待地买了很多全集类的绘本童话书，总想念给孩子听。但是有一天，我正在给贤镇读书，却偶然发现她完全没有看书，一直盯着我的脸看。这就证明了其实孩子只是喜欢听妈妈的声音、感受妈妈的体温而已，对书则一点儿兴趣都没有。

提前买回的那些全集类绘本童话书全都变成了贤镇的磨牙工具。孩子要长牙的时候总想咬东西，贤镇那时候就忙着把这些硬硬的书棱角塞嘴里嚼了。

总之在孩子1周岁之前，书仅仅是玩具而已。而且孩子的视力状况也不允许他看书，因为其尚未发育完全。给视野还不清晰的孩子看书本身就不对，更不能奢望他在声音上集中注意力了。

所以妈妈们要收起焦躁的心，把图画书拿一边去。只要不是和孩子有关的东西，什么都没有必要给孩子看。对孩子说的话也要以简短的单词为主，无论说什么一律用单句说。如果妈妈在给孩子换尿布的时候总说"Diaper time"，时间长了孩子一听到"diaper"就会意识到那是尿布。用这种方式，只和孩子说与他相关的事情，其他的一概不让他看，不让他听。

当孩子坐在学步车中来回走动的时候，我也没有像其他妈妈那样，把幼儿图画书放在符合孩子身高的书架上，打开书让孩子看或是给孩子读。如果孩子用牙齿把书咬得稀巴烂，我也只是对她说："You're sucking a book!"然后做出和她一起咬的样子。

2 周岁之前：
利用简单又熟悉的单词图画书

13~24个月的孩子的妈妈们，总是想把童话书推给孩子。虽然孩子从这个时候开始触碰图画书，对它产生兴趣，但暂时还不需要有故事情节的图画书，只要孩子能攥在手里的那种既小又漂亮的单词图画书就足够了。因为孩子还不懂起承转合，所以只要书上有和日常生活相关的单词就可以。那种图片很大、只有一个单词的色彩艳丽鲜明的书是最好的。

这个时候不需要给孩子读故事，只要把丰富的单词用母语读一遍，再用英语读一遍就可以了。但有一点需要注意：**不要用同一本书同时教孩子母语和英语。**因为这个时期的孩子会把书上的字当成图像来记忆，如果指着花的图片说"花"之后，再用同一本书说"flower"，孩子就会产生混乱。

所以即使需要花两倍的钱，也要分开买印着母语的书和印着英语的书。就是说，用写着"花"字的韩语书教孩子"花"，教"flower"的时候要让孩子看写着"flower"的英语书。有很多妈妈用一本书同时教孩子"花"和"flower"，我那时也是这样做了之后差点儿出大事。贤镇曾出现过几次弄混的事情，比如，看着书上写的"teddy bear"说"泰迪熊"等。

所以一定要做到，英语只用英语书教，母语只用母语书教。用闪视卡片的话也是同一个道理。

千万不要因为想省钱，就拿着母语书教英语，拿着英语闪视卡片教母语。

2 周岁以后：
让孩子看能够轻松理解的很短的生活图画书

孩子到了 3 岁，就开始喜欢很简单的日常生活故事。这个时候绝对不能给他读超过 10 页的故事书。即使读了孩子也不会集中注意力去听。虽然按虚岁算是 3 岁，但事实上用美国计算年龄的方法不就是"two years old"嘛。这个时期的孩子还做不到比较有条理地思考长故事，最好的选择就是大概 4~5 页，描写孩子生活的短小精炼的故事书或单纯的生活图画书。

韩国妈妈最常犯的错误之一就是，认为那些有名气的、得了外国权威奖的书肯定是好书，人人争相购买。我也亲自看过那些有名的外国图画书，因为实在无趣都打哈欠了，贤镇甚至说书上的画儿吓人，差点哭出来。这个时期的孩子肯定是对抽象的、艺术性强的图画和深奥的、哲理性强的故事不感兴趣的。颜色鲜明才能吸引孩子的眼球，他们喜欢像"拉便便了，好舒服"这样的和自身生活相关的单纯的故事。

别人说好的 100 本书也比不上孩子自己爱看的 1 本书。所以在贤镇 3 岁左右的时候，我给她买的书都是和日常生活相关的图画书。不仅是英语书，母语童话书也以此为主。其中有一本书里有这样的内容——妈妈说："Let's eat.（吃饭吧。）"孩子回答："No, no.（不吃，不吃。）"

我到现在还清清楚楚地记得，当时我和贤镇用这个故事非常兴奋地玩角色扮演游戏的场景。那时的贤镇还不认字，但这个游戏不知玩得有多开心。等把这本书读了上百遍之后，我一说"Let's eat"，贤镇马上就知道该自己了，紧跟着"No~No~"地唱起来。

这个时候正是孩子从单词转成句子的时期，但并不是说可以突然给孩子读有一定难度的含有哲学性的童话书。"Feel good?（舒服吗？）""Pooped again?（又拉便便了？）""I'll spank you.(我要打你屁屁啦。)"只要反复给孩子读像这种每天经历着的、听着的句子，孩子100%会集中精神。

描写孩子所熟悉的生活场景的图画书，一张图配一个短句的书是最好的选择。 虽然孩子还不认字，但只要妈妈反复读，并用书上的故事玩角色扮演游戏，效果就会非常好。读书时间最好不超过10分钟。虽然时间很短，但现在每天有规律地进行并形成习惯，等孩子将来会认字之后，就能比较容易养成读书的习惯。

用动作和表演亲近动词

在图画书中，我特意选择了能做很多动作的书。因为通过实际做出这些动作，孩子在学那些简单的动词时就会更轻松。

如果图画书上出现"Stand up.（起立）"的图画，我就和孩子一起站起来；出现"Turn on the faucet.(拧开水龙头)"的话，我们就一起去洗手间，让她亲自尝试拧开水龙头；出现"I draw.（画画）"的话，我们就随便在一个地方一起乱画，我还会兴奋地喊："I draw! I draw!"这样孩子也会一边兴奋地乱画着,一边跟着喊:"I draw!draw!"

一边看着书上的图画一边实际做出动作,然后用母语和英语轮换着重复几次。那些和孩子的实际生活关系密切的动作:洗漱、戴帽子、穿鞋、打扫等,就都通过生活图画书让孩子鲜明地记熟了。

有时我和贤镇的动作可以称得上是过激了。如果书上出现"I run.(我跑)",我就会一边从这头儿跑到那头儿,一边大喊着"I run!"跑着跑着突然说"摔倒了"或"I fall down!"然后"哐"一下摔倒,孩子就会兴奋地哈哈大笑。我是整个身子摔下去撞着地,疼的不得了,而孩子可能是觉得我那个样子太好笑了。所以我就故意更用力地"哐"的摔倒在地,做出嘤嘤哭泣的样子,嘴里还说着:"I fall down! I fall down!"这之后贤镇也摔了几次,真的号啕大哭起来,但却说出了"I fall down!"我就是用这种"跟着做"的方式教贤镇的,并没有停留在看图上,而是用实际行动做给贤镇看,这样一来孩子也

非常喜欢。

我是真的全身心投入到了教贤镇英语中，而对于贤镇来说，这并不是英语学习，而是和我一起玩动作游戏的时间。

图书越多越好？No！
同一本书反复看，充分消化

韩国妈妈给孩子读图画书时总想着尽快把这一本读完换下一本，追求进度。不过实际试过的妈妈们就会很清楚，给孩子读书的时候，想要从头到尾顺利地走进度比想象中要难。有的书总是被打断，读不下去；有的书孩子觉得无聊、没意思；而有的书孩子会缠着妈妈要求不断重复读其中的某一部分。

这个时候妈妈千万不要因为想着赶进度而去催促孩子。如果孩子总是要求读特定的同一本书或是某一章节，还是要按照孩子的意愿反复读给他听。

每个孩子都会有自己感兴趣的、自己想读的书或是特定的句子，出现这种情况就意味着孩子已经自行投入并集中注意力在那上面。同一部分反复听多次之后，再学着自己说出来，至少是这本书中的句子能完全变成孩子"自己的话"，一辈子都会牢记并灵活运用。如果想要孩子成功地"输出"语言，就需要他自发地反复大声喊出自己喜欢的句子。

贤镇也有那种总要求我再读一次的句子。在某本书上，写道一个拉完便便的孩子发现没有卫生纸，便大喊："Oh! There is no toilet paper!（竟然没有卫生纸！）"我每次用鼻音给她读的时候，她总是会高兴地咯咯笑个不停。即使我问她："这个之前不是读过了吗，你不好奇这之后发生了什么事情吗？"她也还是继续让我给她读那一部分。我就意识到："啊，原来她是真的很喜欢这句话啊。"所以还是继续给她读。

事实上，3岁之前的孩子集中注意力在书上的时间最多不超过2~3分钟。如果强迫孩子长时间集中注意力，将来真正到了该多读书的年龄，很可能就会对读书产生抗拒心理。所以不要硬拽着孩子长时间地读大量书给他听，简短地总结几句梗概也是可以的，重点在于要坚持引导孩子集中注意力，即使是几分钟。

孩子能把书上的句子自然而然地说出来才是重要的，妈妈千万不要总为了赶进度而急急忙忙给孩子读完一本书。请丢掉"一本书一定要读完"的强迫观念。不要总想一次性给孩子读很多书，先把孩子感兴趣的、喜欢的句子反复读给他听，让他能够充分消化，真正学会。因为孩子会自觉地把自己喜欢的句子大喊无数遍。

立体地、有活力地读

用枯燥无味的语调给处于幼儿期的孩子读图画书比不读好不到哪儿去。如果用平缓的语调读得很无趣，孩子就无法集中精神，不到1分钟就会开始干别的事情。就像同一句话有的人就能说得很风趣一样，读书也是同一个道理。

我认为，如果想培养出积极说话的孩子，妈妈首先要起到模范作用。所以我每次都会调节音调的高低、声音的大小，不同的角色会用完全不同的声音读给孩子听。"兔子跳。""The rabbit is hopping!"读这两句话的时候，我从来不会只用嘴说，而是会站起来边说"hop hop hopping"，边和孩子一起开心地蹦蹦跳跳。如果读的是悲伤的内容，我会先哭，贤镇被感染后也会开始呜呜大哭，甚至正在睡觉的婆婆听到贤镇哭的声音都会吓得跑过来。我就是这样让贤镇通过真实的感受学习的。

把一本书强有力地读给孩子听绝对是一种好方法，但有几点要领需要妈妈们注意。

第一，不要只把书的内容读一遍就结束了，一定要和孩子玩角色扮演游戏，还要反复交替角色和台词。比起读书，孩子更喜欢通过书玩角色扮演游戏。

第二，不要只是读书，要连续不断地向孩子提问。在读书的过程中，妈妈和孩子最好能互相对话交流一下。

比如，书中出现了"香蕉"这个词，就不能只说"What's this？""Banana."就结束，妈妈要继续提问："What color is this banana？""Yellow.""Yellow? What is yellow？""Ball, yellow.""Oh, that ball is yellow？"用这种方式不停地接连提问，所以我和贤镇也会一刻不停地像聊天一样说起来。即使孩子说的英语非常短、不完整、很生疏，但已经是她动员了自己知道的所有单词，主动说出来的，这一点让我觉得非常了不起。

第三，在给孩子读书的时候，那些拟声词和拟态词，要

尽量有节奏感地反复读。

三四岁的孩子通常都喜欢像"哗啦哗啦小孩儿车,哗啦哗啦小孩儿车"这样反复读的拟声词、拟态词。像"咣当"或"趔趔趄趄"这种有节奏感的句子,年纪小的孩子也很容易背下来。

· 要给孩子读符合生长发育的年龄段特征的生活对话。
· 跟着书中出现的句子,实际做出动作,让孩子自然而然地熟记。

Supermom's Talk Talk English

可以对幼儿说的
60个日常生活英语句型

喂母乳或奶粉的时候

01 肚子饿吗?
Are you hungry?

02 喝奶吗?
Do you want some milk?

03 吃妈妈的奶吧。/ 吃饭饭了。
Here's your milk.（喂母乳的时候）
Here's your bottle.（用奶瓶喂奶粉的时候）

04 吃饱了吗?
Are you full?

05 现在是打饱嗝的时间啦。
Time to burp.

换尿布的时候

06 哎哟，尿尿啦。/ 拉便便啦。
Oh, you're wet. ＝ Oh, you peed.
Oh, you pooped.

07 我们来换尿布吧。
Let's change your diaper.

Supermom's Talk Talk English

洗澡的时候

08 该洗澡了。
Time to take a bath.

09 洗××吧。
Let's wash your_____.
hair（头）/face（脸）/neck（脖子）
arms（胳膊）/legs（腿）/hands（手）/feet（脚）
bottom（屁股）/body（身子）

10 都洗完啦！用毛巾擦擦吧。
All done! Let's towel dry you.

玩铃铛或玩具汽车的时候

11 叮叮当当，是什么声音呀？
Rattle, rattle. What sound is it?

12 妈妈给你摇一摇。叮叮当当。
I'll shake it for you. Rattle, rattle.

13 你看这个玩具汽车。
Look at this mobile.

14 它会动呢。
It's moving.

闹瞌睡或哭的时候

15 怎么了，我的宝贝儿？
What's wrong, baby?

16 妈妈抱抱。
I'll give you a big hug.

17 妈妈背背。
I'll give you a piggyback.

孩子流口水时

18 流口水了呀。
You're drooling.

19 擦擦口水吧。
Let's wipe your drool.

玩躲猫猫游戏时

20 喵！妈妈在这里！
Peek-a-boo! Here I am!

21 好玩吗？
Is it fun?

坐学步车时

22 来坐学步车吧。
Let's ride a walker.

23 走到爸爸/妈妈那里去。
Go to daddy.
Go to mommy.

用手做的游戏

24 拍手，拍手，拍拍手。
Clap, clap, clap your hands.

25 点，点，点豆豆。
Poke, poke, poke your hand.

26 摇头，摇头，摇摇头。
Shake, shake, shake your head.

27 抓手，抓手，抓抓手。
Open your hands, close your hands.

28 哇，真棒。
Wow, very good.

Supermom's Talk Talk English

喂断奶食时，吃饭时

29 妈妈做了苹果汁。
I made some apple juice.

30 啊～张嘴。
Open your mouth. Ah～～

31 好吃吗?
Is it good?

32 都吃完啦!
All done!

33 把嘴擦干净吧。
Let's clean your mouth.

34 吃早饭/午饭/晚饭吧。
Let's have breakfast!
Let's have lunch!
Let's have dinner!

35 （一边递吃的）来吃吧。
Here you are.

36 还要吃吗?
You want some more?

37 再吃一口吧。
Let's have one more bite.

38 吃饱了吗? / 肚子饿吗?
Are you full? / Are you hungry?

39 吃完了吗?
Are you done?

40 别吃了，好吗?
No more?

41 真好吃!
It's so good!

排便时

42 要去洗手间吗？/ 要拉便便吗？/ 要尿尿吗？

Do you want to go potty?

Do you want poo?

Do you want pee?

＊"potty"是指儿童便器。"go potty"是"go to the bathroom（去洗手间）"的幼儿用句，意思是去"拉便便"或"尿尿"。

43 拉完了吗？

Are you done?

44 妈妈给你擦擦。

I'll wipe you.

洗手时

45 手脏了呢。

Your hands are dirty.

46 洗手吧。/ 洗脸吧。

Let's wash your hands.

Let's wash your face.

47 拧开水龙头。/ 关上水龙头。

Turn it on.

Turn it off.

Supermom's Talk Talk English

游乐园英语

48 玩滑滑梯吧。
Let's ride a slide.

49 上楼梯。
Go up the stairs.

50 别怕。
Don't be scared.

51 妈妈要抓着你了。
I'll catch you.

52 和妈妈一起玩滑滑梯吧?
Do you want to ride it with mommy?

53 坐妈妈腿上吧。
Sit down on mommy's lap.

54 准备~走~
Ready~Here we go~

55 想荡秋千吗?
Do you want to ride a swing?

56 妈妈来推你。
I'll push you.

57 一,二,三,走~
One, two, three, here we go!

58 抓紧了,不然会摔伤的。
Hold on tight. You might get hurt.

59 玩够了,该回家了。
That's enough. Time to go home.

60 下次再来玩吧,好吗?
We'll come again, OK?

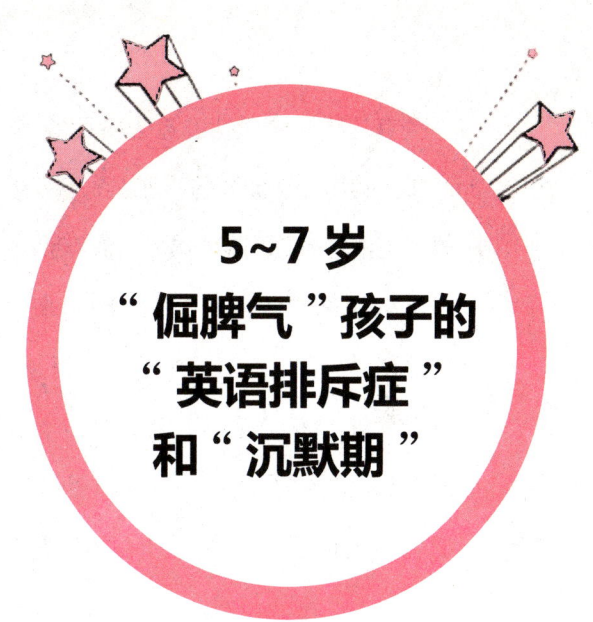

5~7岁"倔脾气"孩子的"英语排斥症"和"沉默期"

对于幼儿时期的孩子来说，世界上只有妈妈是他模仿和创造性再学习的对象。妈妈做什么都是那么新奇。让孩子做的话，他也会做得很好。

然而，过了5岁，这样幸福的时期就结束了。孩子在幼儿园会交到新朋友，接触家庭之外的第二个社会，会碰到不喜欢做的事情，越来越倔强，让做什么非不做什么。母语爆发性地提高，不再说单个的词，而是用句子来表达自己的想法，甚至原封不动地说从外面学来的脏话。

幼儿期是形成"妈妈牌英语"的关键性时期。这一时期妈妈们最多的苦恼便是，孩子即使听懂了英语也不回答，只想用韩语说话。

会有这样一个时期：过去听话的孩子开始不听话，昨天问"What's this"时回答"Apple"的孩子某一天会突然只想用母语说话。孩子这种不想说英语的倔强时期叫做"沉默期"。

沉默期早的话在3~6岁之间到来，晚的话在7~8岁之间到来。越早接触英语的孩子，其沉默期也来得越早。

贤镇在5岁时遇到了沉默期，辛苦了一阵子。以前喜欢唱英语童谣、做英语游戏的贤镇，有一天从幼儿园回来后便开始不想唱英语童谣，只唱韩语童谣了。用英语开心地跟她说："Toby! Hi! Hello!"她也只是用韩语不情愿地回答："嗯，嗯"。我跟她说："Toby! I'm speaking English to you! Let's play!"催她说英语，她不耐烦地说了句："不要！"英语她都听得懂，却非要用韩语来回答。用英语告诉她不要顶嘴，说："Don't talk back!"她就说："我什么时候顶嘴了？"明明英语都听懂了，却还是用韩语来辩解。

这个时候，大部分妈妈就会开始着急，让孩子更多地看英语CD，追问孩子为什么不看。不知道该如何克服沉默期，在慌乱中越来越累，然后便会决定"送孩子去英语幼儿园"，放弃努力。

这种沉默期为什么会到来呢？

事实上，在母语实力大幅增强的这一时期，母语比英语超前两倍是比较正常的，对此我们无能为力。

5~7岁才开始让孩子接触英语的妈妈们也这样说："韩语说得好了，英语根本就不想说了。""英语书不想看，给他读英语童话，他就会要求读韩语童话。"

学习语言时也会出现类似于青春期的一段时期。孩子在学习母语时，妈妈强制性地教会导致"抵触症"，学习外语时更为严重。

再喜欢排骨的人，如果每天都让他吃，他也会不耐烦的。看到别人吃排骨时他也想吃，但一旦排骨放到嘴边，就不想吃了。英语也是如此。孩子出现了抵触英语的症状不开口时，就是连续一个星期强制性地教也不会有什么作用。妈妈越是想教，孩子就越不想学。

但如果妈妈因为上述原因而放任自流的话，孩子学习英语的线就有可能断掉，这也是不可取的。即使孩子不愿意开口，声音环境也要一直保持才行。

最需要妈妈耐性的便是这个时候。这与青春期孩子叛逆时妈妈采取的态度是一样的。因为孩子叛逆就说"你怎么这个样子"，压制孩子、打孩子的话，孩子就有可能会离家出走。相反，如果说"好吧"，顺着孩子，并且说"不管怎样，妈妈都相信你"，假装理解孩子，孩子就会少些叛逆。

当贤镇的英语沉默期突然到来时，我采取了"假装自己享受"的方法，绝对不批评或勉强她。 例如，播放贤镇一直喜欢的英语童谣，我一个人假装耸动肩膀，高兴地哼唱。虽然我不跟她说一起唱，但她不跟着唱也一直在用耳朵听。

特别是这个时候，我决定不强求贤镇，暂时只进行食物英语和游乐园英语。首先，买来贤镇喜欢的食物，一点点吸引她。吃一块美味的蛋糕，说："One cake!Um!"连发感叹词。再吃一块蛋糕，说："TWO cakes!Oh!"咂咂嘴。然后，递给她一块蛋糕，问："How many cakes?"她就会小声地回答："Three."这时如果说"很好"，孩子就会以为是学习。所以我假装毫不在意地问："You want some?(你想吃一些吗?)"她说："Three cakes!"我说："Yes, please!"她就会一下子接过去吃。

贤镇特别喜欢吃鱿鱼干。她吃的时候，我就会坐在旁边一边嘎吱嘎吱地吃，一边说："太硬！Strong!"她也会说："太硬。"于是，我继续一边吃一边说："Very strong!"那么她也会说："Strong."

用这样的方式，将吃的东西与英语结合在一起，贤镇的英语抵触症便减轻了不少。此外，贤镇当时最喜欢玩的游戏就是用彩色橡皮泥做东西。

我故意装作自己玩，说："Let's make an apple."拿起黄色的橡皮泥。贤镇就会飞快跑过来，说："No, red!Red apple!"想要一起玩。不仅如此，在玩滑滑梯或荡秋千的时候，她也会开心地喊"Push"和"Pull"。

像这样，在贤镇抵触英语的那段时期，我利用游戏英语、食物英语和游乐园英语渡过了难关。

晚上，我会播放自己喜欢的卡朋特乐队（Carpenters）或西蒙与加芬克尔（Simon & Garfunkel）的安静的欧美音乐，一个人哼唱。不知从何时起，我不说一起唱，贤镇也会听着听着便悄悄地跟着唱出副歌的最后一句。

所有的事情都是这样。比如，男女恋爱。如果开始交往没多久，男人就性急地想要加快速度，多半会以挨耳光结束。但真正大胆的男人不会因为挨了一记响亮的耳光就放弃，而是会在第二天赔礼道歉。既知道要退一步，又会悄悄进入女人的心里面，自然而然地得到女人的心。

妈妈想获得孩子的心和想获得爱人的心的道理一样。当孩子对英语产生抵触情绪时，不要追问"为什么"，而要说"好，不学了"，后退一步。

妈妈可以装作无所谓地哼歌，用糖果或蛋糕一点点地安慰孩子，用食物英语来吸引孩子。将贤镇喜欢吃的东西放在单词卡中间，创造出"说这个词就给你吃"的氛围，哪怕孩子说一句，我也说"Very Good!"用给食物的游戏来进行诱导。

用这种方式自然而然地接近、再接近孩子的心灵。丈夫甚至惊奇地说我真有毅力。要用英语吸引幼儿期的孩子，没有这种毅力是行不通的。

采用这种方式1个月后，贤镇的英语抵触症和沉默期终于自然而然地过去了。

在教孩子学英语的过程中，沉默期如同青春期，是任何人都会遇到的。妈妈应暂时放弃要教的内容，千万不要强求。只需要顺其自然地让孩子听英语，在孩子想跟着说的时候才让他说。根据妈妈的应对情况，有的孩子会重新喜欢上英语，而有的孩子则会永远地讨厌英语。

· 孩子突然不愿意说英语时，妈妈千万不要强求。
· 妈妈可以灵活利用游戏、好吃的食物等孩子喜欢的东西。
· 即使孩子不屑一顾，妈妈也要让孩子看到自己开心说英语的样子，坚持让孩子听英语。

从游乐园英语变为"室内(Indoor)"英语

几乎所有5~7岁的孩子精神都非常散漫、行动鲁莽,甚至让人怀疑他们是不是得了ADHD(Attention Deficit Hyperactivity Disorder,注意力缺失过动症,俗称"儿童多动症")。所以妈妈不要拽着孩子学习太长时间,每天只用30分钟来做孩子最喜欢的游戏就可以了。

我都是一边说"我们来做这个吧。""和妈妈玩布娃娃吧。""我们来搭塑料积木吧。"一边陪孩子一起玩。让我印象最深刻的,就是一起洗澡的事。

美国人一直认为,韩国人把孩子放进儿童专用的浴缸里单独给孩子洗澡这件事很不可思议,我也是从贤镇出生到现在都是和她一起进浴缸洗澡的。贤镇出生之后,我曾尝试过把她放在婆婆拿来的儿童洗澡盆里给她洗澡,但实在是太困难了。所以我果断地决定和丈夫、贤镇3个人一起坐到浴缸里,让丈夫稳稳当当地抱着孩子,我就和孩子面对面给她洗澡。慢慢养成了习惯,我到现在还总是和孩子一起洗澡。

在贤镇5岁左右的时候,进入浴缸后我会把她放在我腿上,一边玩一边洗澡。"Where is my hair? My hair is long, your hair is short."两个人就这样以身体为主题说说笑笑,时间总是不知不觉就过去了。贤镇也从小养成了"eye to eye",即对视着说话的习惯。

在浴室这个小空间里,两个人说话会有回声,声音听不真切,这时候孩子就会注意看我的口型,距离这么近当然能够看得清,所以对话的集中度也会达到顶峰。

江南地区的妈妈们都自负地认为自己对孩子的早期英语教育有独到的方法。我曾经目睹过江南妈妈带着孩子到游乐园学英语的过程。

也许这个地方的地域特征就是这样,妈妈们不是海归就是专门学过英语,发音都特别好。这些妈妈带着孩子用流畅的英语不停地说:"Baby, would you like to go?(宝贝,你想去吗?)" "All right! You want some sweet pie?(好的,你想来一些甜薄饼,是吗?)" "Mary, you want to catch a ball?(玛丽,你想玩球吗?)" "Birds are flying above the sky. You can see them!(你看,有鸟儿在天空中飞。)"甚至让我搞不清这里到底是韩国还是美国。

但是,孩子却不管妈妈在说什么,几乎没有反应,也看不出有一丝交流的欲望,只是自己在玩。妈妈们不知道,在闹哄哄的游乐园里,即使用再流畅的英语说这些长句子，孩子也听不进去。

游乐园英语确实值得提倡。不过带孩子去游乐园学习的英语，对于5岁之前的孩子来说，用短小精悍的句子去引发孩子的兴致还是很有用的，但孩子5岁之后，练习口语就不像想象中那样顺利了。练习口语的时候周围一定要安静，连电视都不能开，而游乐园吵吵闹闹的，孩子精神散漫，肯定无法好好练习口语。

尝试过带孩子去游乐园学英语的妈妈们应该很清楚，实践并不如想象那样简单。因为孩子会随心所欲地到处跑，喊着要和别的孩子玩而逃走，别说看妈妈的口型了，一会儿都不想在妈妈身边待。

我在贤镇5~7岁期间，几乎都是教她"室内（Indoor）英语"。比如，在家里吃饭的时候、在房间里和我玩的时候、在浴缸里一起洗澡的时候等。

之所以在孩子5~7岁时要从游乐园英语转变成室内英语，主要是因为从这个时期开始，正式矫正孩子的发音变得重要起来。

虽然孩子在2~4岁期间只学了单音节的单词，但从5~7岁这个阶段要开始学习4个音节以上的长单词，要把口腔构造训练到可以发出大概像"impossible"这种长度的单词。

这个时期，妈妈要努力纠正孩子的发音，使孩子的嘴部肌肉得到充分锻炼。妈妈可以和孩子一起看着镜子，做口型给他看；或者妈妈和孩子互相注视着对方，让孩子模仿自己的口型。

比如，我会一边说："Let's cut this!（我们来把这个剪了吧！）"一边做出剪的动作，还不忘张大嘴"咔"的喊一声。用彩色橡皮泥玩卷圈圈游戏的时候，我一边和孩子玩一边说："ROLL~ROLL~ROLL~ It like a CIRCLE!"因为孩子玩得兴高采烈，就会跟着大概发出"lou~lou~lou"的音。这时我会看着孩子的眼睛，让孩子也看着我的眼睛，用强调的口气说："ROLL~ROLL~ ROLL"，孩子必然会模仿我的口型，慢慢地，发音就从"lou"变成"roll"了。

贤镇在这段时间不太会发连音，所以我特意让她多练习。比如，在读"roll it""cut it""paste it"的时候，应该发"[rəulit]""[kʌtit]""[peistit]"的音，但贤镇总是发不出"[rəulit]"，总想分开发"[rəul][it]"的音。贤镇每次想断成"I [rəul] [it]"慢慢说的时候，我总是跟她强调："NO! NO! [rəulit]! [rəulit]!"让她反复跟我练习。我在教她发连音的时候快把命都搭上了。

如果这个时候不多多练习发连音的话，等孩子上了小学开始学长句子时，就会遇到很多困难。 因为英语根据断句的不同，句子的意思会完全不同。

凡是语言学得好的孩子，都有一个共同之处，**那就是他们从小就非常留心观察别人的口型和动作。** 所以最好让孩子养成通过观察口型来学习发音的习惯。在孩子5~7岁的时候，妈妈们经常犯的一个错误就是，只把"bedtime story"这样的CD用播放器放上就离开了。

因为只听CD的话，就算用心去听，想要跟着学发音，大部分孩子也跟不上。相反，如果有人在孩子面前，让孩子看着他的口型发音，孩子就能很好地跟着学习。

我小时候在日本冲绳短暂居住时，看着美国人在发"th"这个音的

时候,会把舌头放在上下牙中间,觉得特别神奇。我清楚地记得,因为觉得他们在说"I don't wanna do THis." "THat one?"的时候,"th"的发音太神奇了,所以我回家之后也对着镜子反复练习。

我在贤镇面前也故意夸张地把舌头伸出来说"THis one?"这样贤镇也学会了伸出舌头发"th"的音。

我和贤镇特别喜欢电影《西游记》,至少一起看过10次。贤镇虽然听不太懂中文,但因为这个故事我已经用韩语给她讲过多次,所以还是会听原声。电影里有一句反复出现的台词,就是孙悟空每次被师傅念紧箍咒训斥的时候,都会紧抓着脑袋,不停地大喊:"疼,疼。"贤镇很快就学会了这句话。我就问她:"贤镇啊,你太厉害啦!你是怎么学会这种语气的?"贤镇回答说,她观察了电影里演员说话时的口型,然后自己跟着模仿的。不仅如此,贤镇在学日语的时候也是用的相似的方法。在NHK电视台的早期日语教育节目中,有一个把放大镜放在嘴前演示单词发音口型的环节，贤镇就是跟着这个学习日文发音的。

像这样，贤镇一直都喜欢看着什么东西模仿。也许是养成了习惯，到现在如果有人在贤镇面前说话，她也会仔细观察对方的口型。

我建议，如果给这个时期的孩子看英语视频，最好不要选择动画片或木偶剧，而是选择真人出演的、能让孩子看到说话口型的视频。动画片或木偶剧可以等将来孩子能大致听懂、说得更好一些的时候再看，这样孩子才会觉得有意思。在孩子模仿并矫正发音的时期，还是妈妈的嘴和真人出演的视频比较有效。在儿童英语教育视频中，也要选择那种可以让孩子看到对方张大嘴说话的，这样孩子才好跟着模仿学习。看着动画人物或木偶说话，孩子是绝对没有办法模仿学习的。

- 在练习口语时，最好保证周围环境是安静的。
- 面对面或照着镜子确定口型，培养孩子张大嘴正确发音的习惯。

请妈妈和孩子一起练习！

"我的发音不怎么好，该怎么办呢？"

"我英语说得不好啊。"

我也很清楚哪里是妈妈们最没有自信的地方。但是，您是否知道，我作为一个英语专家，也针对幼儿英语另外下工夫学习了呢！

比如，我刚开始和贤镇玩橡皮泥的时候，不太确定应该用什么样的词汇。不管是"弄断"还是"粘贴"，都需要知道孩子们用的各种词汇。当然，用成人生活英语也不是不行，但成人词汇对小孩子来说还是太难了。所以我很想知道孩子们都用什么样的词汇，于是便去买了好几本游戏英语书来学习。

我在生孩子之前，并不知道"橡胶奶嘴儿"就是"pacifier"，也不知道"便便"对应的词汇有那么多。但是，到书店我才发现，单单是教幼儿英语用语的书就有几十种之多。我就是用这些书专门学习了幼儿英语词汇和表达方式。现今的书基本上都附有原声CD，只买一本也完全能够学会。

由此得出，说自己英语不好或自己不会幼儿英语词汇，所以没有办法亲自教孩子英语这类话，都是借口。我希望妈妈们也能用恰当的会话书，事先练习好当天要教给孩子的词汇和发音。当然，并不是说要把这些书都死记硬背下来，而是希望妈

妈们每天能够完全熟记一两个表达方式并变成自己的话，边听 CD 边矫正自己的发音，在教孩子说的时候也用矫正后的正确发音。

正因为如此，和孩子一起学英语时，不能一味赶进度。因为妈妈自身也要学习，所以一天只教一个表达方式已经算是进度不慢了。有些妈妈想每天教孩子 20 个句子或单词，这意味着妈妈自己也要把这 20 个都背熟，妈妈们真的可以做到吗？千万不要以为妈妈自己不用背单词，只让孩子看书学习就万事大吉了。

幼儿和学龄前儿童的适用英语水平，远远比初中一年级第一学期的英语课本水平低。所以，这本是无论谁都可以利用市场上出版的几本书就能够做到的事情，而有些妈妈却总是以"我英语学得不好""我英语发音不准"等理由自行下定论，不主动去做任何努力。

这个世界上没有免费的午餐。为什么只有孩子必须学习呢？请妈妈们也开始学习吧！带着和孩子一起愉快学习的心情，妈妈也要和孩子一起努力练习，幼儿英语教育才会取得成功。

英语幼儿园
并不是万能药

很多妈妈常问这样的问题:"哪家英语幼儿园比较好?""虽然学费很贵,但还是应该送孩子去吧?""别人家的孩子都去了,只有我家孩子不去的话,恐怕不行吧?"

贤镇也曾上过英语幼儿园。在她6岁的时候,不多不少只上了一周,就再也没有送她去。因为我觉得"不应该是这样"。

第一,我不满意他们总是教孩子写字,还要进行拼写测验。

所采取的方式就是,老师问:"How is the spell DOG?"孩子们就站起来走到白板前,在白板上写下 D、O、G。这和我的想法差距太大,我认为幼儿园的孩子不应该背字母,而是应该一边高兴地玩耍,一边在玩耍中体验英语的乐趣。如果孩子们的拼写出现错误，或是没有完成作业，还会被批评，这一点我也非常不满意。现今的英语幼儿园都只是起一个过渡的作用，单纯为了让孩子在上小学之前学完字母和音标。所以，英语幼儿园过早地开始教孩子阅读和书写的做法不适合贤镇。与此相比，美国或加拿大的幼儿园都不教阅读和书写。

第二，因为英语幼儿园完全不使用母语，只说英语，结果就造成孩子在说最重要的母语时却结结巴巴的。

如果是"妈妈牌英语"，就会均衡说母语和英语的时间。如果孩子一天到晚只说英语，那么说母语的能力就会退化。而流畅的母语是学习外语非常重要的前提。

第三，"一对多"的教学方式不适合贤镇。

和"一对一"的"妈妈牌英语"不同，幼儿园和培训学校都是"一对多"。美国外教无法逐一去教导大概15名之多的孩子，所以即使孩子发音不正确，也不会得到及时矫正。普通英语幼儿园一般是15~20名学生一个班，高级英语幼儿园是10名左右，但都是"一对多"的形式。外教一个人要教这么多孩子，没人会专门为某一个或几个发音不对的孩子下工夫。即使把"fish"的开头"F"音发成"P"音，变成"pish"，外教也会说"Very good"，因为他忙着赶进度。

比如，如果外教大喊："All right, everyone! Stand up! What's this?"孩子们就会全体像鹦鹉合唱一样一起大声回答："It's a book!" "It's a watermelon!" 而这其中如果有一个孩子把"watermelon"发成了"[ˈwɔːləmelən]"，而不是发成"[ˈwɔːtəmelən]"，外教也不会逐一去纠正。

贤镇甚至在短短不到一周的时间里，发音反而退步了。仔细一想，原来她并没有跟着外教练习发音，而是学会了同班孩子合读时的发音。结果，贤镇在家时还和我正确地发"['wɔ:təmelən]"的音，上了英语幼儿园之后竟然变成了"['wɔ:ləmelən]"！孩子都这样发音了，外教别说去纠正了，干脆直接说"OK! Next!"就过去了。不管是贤镇还是别的孩子，都以为那是正确的发音，全部都跟着学。

这样一来，外教就很难去矫正发音，更做不到根据每个孩子的特点和能力做针对性的教育。教所有孩子"be 动词"，然后往下赶进度，完全模式化。注意到复数概念的孩子会在词尾加"s"，而完全没有意识到的孩子即使说错了，外教也还是会按照统一的速度向前进行。

而且，贤镇的语言习惯也在短时间内变坏了。从贤镇小时候开始，我就让她练习说完整的句子。以前如果问她："Are you hungry?"她就会回答："Yes, I'm hungry."即使在幼儿时期还不太懂这句话的意思，如果让贤镇的英语朋友咪咪回答："Yes, I'm hungry."贤镇就认为必须要这么回答，会一字不差地跟着学。但从幼儿园回来后，贤镇却突然开始只用"Hungry"这一个单词回答了。

母语也是同样。在同龄的孩子都用像"嗯，给我""嗯，苹果"这样简短的非敬语时，我让贤镇养成了回答"请给我苹果""是，谢谢"的习惯。出门遇到邻居婶婶问"想吃什么"的时候，别的孩子都会回答"嗯，冰激凌"类似这样的话，但贤镇已经养成了明确回答问题的习惯，会说"我想要冰激凌。"所以，虽然在家里还是耍赖大王一个，但在外面经常被人夸"这孩子家教真好"。

但是，刚上了几天英语幼儿园，之前都是用句子回答问题的贤镇，突然开始总想简答了。如果问她："What's this?"她已经不回答"It's an apple."而是只说"Apple"这一个词了。

仅仅过了一周我就决定:"为了贤镇好,我不能把她送去英语幼儿园了。"

我并不是想说英语幼儿园完全没用,在那里可以听到外教的本土发音,还可以参与集体活动。只不过大部分妈妈都以为,只要把孩子送到英语幼儿园就万事大吉了,特别是认为昂贵的英语幼儿园就是包治百病的万能药,这就是问题了。如果对英语幼儿园坚信不疑,从而中断"妈妈牌英语",或者连试都不试的话,绝对是错误的决定。

要想到这一点:我的孩子有可能比别的孩子接受能力慢,也有可能快。所以,知道自己孩子喜欢什么,并根据其喜好教孩子的人只有妈妈。比起每天虚度4个小时的光阴、钱哗哗往外流的方式,清楚地了解自己孩子喜好的妈妈认真教孩子30分钟所得到的效果会好上百倍。

作为妈妈,如果您确定在孩子5~7岁的3年间,能坚持每天在家里和孩子学10分钟英语,就没有必要送孩子去英语幼儿园。因为"妈妈牌英语"的学习效果比幼儿园要好上百倍。但是,如果不能坚持每天用心教孩子,三天打鱼两天晒网,那么还不如把孩子送去英语幼儿园。如果一天30分钟还嫌累的话,这样的人没有资格进行"妈妈牌英语"。去英语幼儿园至少能听一句说一句,比完全不学强多了,所以我毫不犹豫地推荐这样的妈妈送孩子去英语幼儿园。

不过,不管送到多好的地方,如果在家里妈妈不领着孩子巩固的话,还是没有一点儿用。要么领着孩子把当天在幼儿园学习的东西复习一下,要么另外和孩子玩英语会话游戏,即使只是10分钟

<u>也好</u>。如果因为把孩子送到了英语幼儿园就彻底安心、什么都不做的话，那真的是傻瓜的行为了。

在英语幼儿园里跟着外教学习的孩子都有一个共同点，那就是听力很好。因为一直在听外教的发音，听力必然有所提高。

但问题是口语。妈妈们之所以把孩子送到那些昂贵的英语幼儿园，就是因为她们认为这样的话孩子就可以在和外教玩的过程中练就一口流利的标准发音。不过，虽然感到奇怪，但妈妈们都意识到了孩子的口语水平远远比不上听力水平。我听过几千位妈妈向我抱怨：不管上多久的英语幼儿园，孩子的口语能力还是没有得到显著提高。

这是理所当然的。如果一次教了50句话，则需要反复让孩子们练习，才有可能成为孩子自己的语言脱口而出。但是，虽然外教"呜呜啦啦"说了50句话，但孩子们只是对这些句子做出回答就可以了，根本没有练习亲口说这50句话，所以不可能真正学会。

相反，妈妈就可以把孩子听到的话和说出口的话的比例调成5比5，也就是学5句就会说5句。妈妈不要说太多，要引导孩子亲口说出来。比如，不要拿着一个苹果告诉孩子："This is an apple." 而是要问孩子："What's this?" 然后利用布娃娃尽量引导孩子亲口说出 "It's an apple." 能让孩子张口说英语的只有妈妈，而不是英语幼儿园的外教。

对于4~7岁的孩子来说，图书、练习本、进度这些都没有什么意义。美国幼儿园里根本没有书，所有课程都是以游戏和活动的形式展开的。如果要论在幼儿园的课程里充斥着各种图书和资料的国家，韩国绝对是世界上数一数二的。

幼儿园因为要向家长展示可见的学习成果，所以总是给家长寄送一些新的英语教材，告诉他们"音标学完了。""本周要学的是动物相关单词的拼写。"因为教材收益很重要，也不排除是以卖书为目的的商业战略。但是，不管是什么考试，都不应该考英语拼写。比起拼写，阅读理解能力和口语能力更重要。

家长们也忘记了上幼儿园的孩子正是应该充分玩闹的年龄，一看到孩子书包是空的，就觉得孩子在幼儿园光玩了，担心是不是在白白浪费时间和金钱。如果看到孩子总是从幼儿园带回一些东西，书包装得鼓鼓的，就放下心来，觉得"啊，学校要求挺严的嘛。"

妈妈们之所以把孩子送去英语幼儿园，大多是出于这样的心理："到了那里和其他孩子一起玩的话，应该会好好学吧。""孩子不听我的话，不喜欢待在家里，应该会听幼儿园老师的话吧。"事实证明，小孩子在刚到一个新的环境的一段时间内，会比较听话。

如果仔细观察，就会发现实际情况与想象中的有所不同。虽然在游戏时间孩子们都很听话，但一旦让他们坐下来学习唱童谣或用闪视卡片教英语，只有前面几个孩子能够响亮回答，积极地跟着外教学习，后面总会有几个孩子在散漫地走来走去。然后外教就会忙着大喊"Sit down!"让孩子们坐下。尽管这些外教都是在自由的课堂氛围中学习、长大的，但唯独在韩国会大喊着"Sit down!""Be quiet!"去管制和强迫孩子们。

再加上韩国的英语幼儿园都担负着一定要在孩子们上小学之前让他们学好字母和单词的使命，所以总是让孩子们写字，用填鸭式的教学方式强行灌输。无法适应英语幼儿园那种环境的孩子的数量要比我们想象的多。

当然，孩子本身也分培训班型和家庭教育型。像贤镇这样的孩子，是无法成为培训班型的。即使把她送到数学培训班，她在那种喘不过气来的氛围中经常是坐着发懵，直到下课回家。

韩国的妈妈们都有这样的倾向，以为只要把孩子送到培训班，就一定能收到好效果。但是，可以这样说，即使上了培训班也没能得到好效果的孩子占一半。学龄前的小孩子，再加上学的还是外语，采取培训班的教育方式的话，失败几率非常高。

妈妈们不了解自己孩子的真实水平，只想着要比别人学得快也是个问题。如果自己7岁的孩子比别家4岁的孩子学的内容简单，妈妈们是绝对不能容忍的。"我家孩子上了3年这么贵的英语幼儿园，明年就要上小学了，竟然让我们去学5岁的'小鼻涕虫们'学的东西？"妈妈们通常会非常生气，从而产生想要转园的想法。而英语幼儿园或培训学校对妈妈们的这种心理是再了解不过了。

但是，对于这个年龄段的孩子来说，有可能7岁了还只能说出5岁孩子水平的英语，也有可能刚5岁却能说出7岁孩子水平的英语。我是想说，一定要按年龄来区分，一定要和同龄其他孩子保持相同的进度是没有意义的。并不是说到了7岁就一定能说出7岁孩子水平的英语。有的孩子虽然已经7岁了，但却有必要从英语最基础的知识开始学习，这种可能性不是没有。但是有很多妈妈就是不管三七二十一，一定要严格按照年龄对应的教材赶进度，甚至还出现了"小学准备班"。

我在贤镇8岁的时候才开始教她写字母。如果把她送到培训学校，一定会被强迫读童话书,因为他们认为,"既然8岁了,就应该读这样的童话书"。而且,即使我说:"我家孩子还不会读英语。"培训学校也会保证说:"不用担心。只要到了我们学校,都能解决。"说得就像是能解决所有问题似的,以此来让家长们安心地把孩子送进去。事实上,培训班根本不会去配合某个孩子的水平,而是要求对方来适应培训班的课程进度。

每天学习30分钟"妈妈牌英语"的孩子,和每天去幼儿园学习4个小时的孩子,两者之中究竟哪个孩子会学得更好?虽然看起来上英语幼儿园的孩子会学得更好,但事实上绝对不是那么回事儿。

既然选择权在我们手里,那我们还是选择以听力和口语为主的地方吧!而能够做到在短短30分钟里用满腔热情教授最符合孩子个人进度和生长发育特性的定制性英语的地方,只有家里。

只有妈妈才能有耐心,一点一点慢慢建立起孩子学习英语的基础工程。如果听力和口语的基础打得不扎实,英语早晚会像三丰百货大楼一样轰然倒塌。

- 英语幼儿园的优点是,孩子可以接触到外教的本土发音。
- 即使送孩子去英语幼儿园,如果在家里不和妈妈一起练习口语的话,也是毫无用处的。

请提前告诉孩子他应该回答的答案

即使自己有想说的话，但因为单词不会而说不出来，是这个年龄段孩子的特点。在这种情况下，如果妈妈以提问的形式提前将孩子应该回答的答案告诉他，就会起到很好的效果。

在英语幼儿园里，如果孩子们打起来，就会一边哭一边控诉。但他们不会说像"是他先打我的"这样的句子，只能想起来曾经在哪儿学过"hit"这个单词，就张口说："He hit..."然后就什么都不会说了，只知道哭，这样的情况很多。这是因为他们所学到的词汇只有这些了。

贤镇若遇到不会的单词，肯定会回答："I don't know."曾经有一次，贤镇的牙活了，因为不知道"牙活了"用英语怎么说，所以只能一边哭一边喊："My tooth move..."我看了一下贤镇的牙，果然有一颗能左右活动。所以我直接说完整的句子给她听："Oh! Your tooth is Wiggling!"她也摸着自己的牙跟着我说："Wiggling!"

我要说的就是这种方式。为了帮助孩子把自己的想法用英语表达出来，妈妈最好先判断一下孩子的意图，然后把正确答案说给孩子听。如果想做到这一点，妈妈至少需要买一本市面上出版的"妈妈牌英语"会话书，一有空就边看边大声练习。世上没有免费的午餐。如果身体和嘴都不行动起来，只靠心里想，那就没有必要开始"妈妈牌英语"了。

用母语词汇读解，为孩子打下扎实的基础

　　从 5 岁开始，听妈妈读书是最能给孩子带来乐趣的时期。这个时期妈妈可以选取一些有简短故事情节的插图童话书。因为孩子已经可以理解一些简单的起承转合了。

　　"把妈妈弄丢了；给妈妈打了电话；妈妈在这里；妈妈来了；我很高兴……"市面上有许多把类似简单的对话拓展开的故事书。

　　在那些面向学龄前儿童的故事书里，我主要给贤镇买那种用母语和英语两种版本出版的书。

　　妈妈们应该选择内容简短且和孩子的生活相关的故事书。"都长大了还不会控制大小便，拉在裤子里了。被妈妈打屁屁了，伤心了。

但是妈妈抱我了，现在又开心了。"我用英语给贤镇读了很多像这种虽然很短，但和孩子生活息息相关的、让孩子一听就能感兴趣的故事。

另外，在用母语给贤镇读过的故事中，我也挑那种内容不长且出版了英语版本的。像《大豆姑娘和红豆姑娘》（译者注：故事情节和《灰姑娘》相似）和《伊索寓言》这样的书，特别是低幼版本的《伊索寓言》才两三页。把这些故事直接用英语版本念给孩子听的话，不需要再解释，孩子也很容易听得懂。比如，先用母语给她读："孔雀是～"，再用英语读一遍："The peacock was～"这样的话不用给孩子解释"peacock"的意思，孩子也会清楚明了地说："嗯，我知道，不就是孔雀嘛。"

我就是这样按照先母语后英语的顺序，给贤镇读了很多英语童话书。不过挑选书时要注意，要选择比母语版本难度低的英语版本。

在教孩子学英语、读童话书给他听的时候，最重要的是母语的力量。如果母语铺垫得好，即使我们用英语去解释，孩子也会抢先说"我懂"。这表示他有自信。

如果妈妈想要果敢地给孩子读难度与母语版本相似的英语书，一定要先用母语多读几遍，让孩子达到完全熟知的程度。然后用英语读的时候，也要在孩子比较容易听懂的水平上读。

特别是在说明抽象性的概念时，母语能帮上大忙。有一天，贤镇问我"空落落的"这个词是什么意思，我就先用母语给她解释了好一会儿。

"贤镇啊，如果妈妈不在，你会怎么样？"

"会很伤心。"

"想象一下，如果妈妈一直都不在你身边的话，你心里会不会觉得很冷？"

"嗯。"

"这种感觉就是'空落落的'。" "'Empty'. You feel empty."

像这样，一定要先用母语给孩子解释明白之后，再用英语解释一遍。用母语解释得好与不好，直接决定着孩子对这本英语书是喜欢还是讨厌。

现今好像非常流行英语书必须完全用英语读的说法，说是为了让孩子能沉浸在英语的气氛中。但实际上，以母语为基础，母语说得好的孩子理解能力更强，记忆力也更突出，能够更有效地牢记两种语言。不管是哪本英语书的内容，在让孩子100%理解的基础上，用英语读给孩子听的话，孩子就会听懂并喜欢听。不过偶尔再用母语解释一遍更好。

之所以说先教孩子读解而不是口语很危险，是因为在母语还不熟练的状态下，孩子理解的速度很慢，花费在读解上的时间和努力太多，就会让孩子产生压力。本应该在读的同时就能马上理解（直读直解）其含义才对，但在口语之前先教读解的话，孩子只能死记硬背。直读直解完全可以等孩子长大一些再训练。但在小的时候，对句子意思的掌握更重要。

比如，有一天贤镇问我："nightmare（噩梦）是什么？"这时候我先用母语给她解释："就是你晚上睡觉的时候,梦里出现吓人的东西。"这样贤镇就能马上听懂："哦,原来是这个意思啊。"只要理解意思了,背诵就不是难事。

但是,如果英语里出现"Commodity economy（商品经济）"这种和孩子水平不相符的内容,即使我详细地解释给她听,她也会直打哈欠,心不在焉。如果问她："听懂了吗?"她就会应付似的回答"嗯。"之后如果我再问她,她还是不懂。

观察一下韩国现今的英语教育现状就会发现,妈妈们都悬命在读解上。特别是在词汇和读解方面,有很多妈妈在让孩子"超前学习"。虽然超前学习可以让孩子更快地学到更多词汇,不是坏事,但实际上这当中不符合孩子水平的词汇更多。

比如,我们设想书中出现了"deadline（最后期限）"这个单词。但是,以7岁孩子的水平,如果连在母语中"最后期限"是什么意思都不知道,想要去理解"deadline"这个英语单词就更难了。不过,到了小学四年级左右,孩子就能很容易听懂"最后期限"的意思。

"最后期限是什么意思?"

"最后期限?你的作业要求什么时候交?"

"后天。"

"那么后天就是最后期限,deadline！"

"哦,最后期限是这个意思啊。deadline。"

"当然了。妈妈在明天一定得交钱。不然就得多交500元。那么最后期限是什么时候?"

"明天。"

"这就叫最后期限！用英语说就是deadline！"

"哦哦！deadline！真简单。"

简单的词汇可以这样教，但硬要从7岁就开始解释词汇给孩子听，而且还是用英语，这似乎太勉强了。如果是用母语解释都很难让孩子理解和吸收的东西，千万不要着急教他英语。

根据孩子的禀赋不同，给5岁孩子看7岁孩子看的书也不是没有可能。不过在贤镇5岁的时候，我曾尝试给她看7岁孩子看的书，但是真的有很多贤镇很难理解的内容。比如，虽然可以理解"结痂"这个词的意思，但如果说"出血之后结痂，结痂之后长嫩肉……"孩子就无法理解了。这是因为孩子还没有成长到可以充分理解这种程度的句子的阶段。

我一贯的主张是，给5岁的孩子读书时，一定要让孩子"牢记"5岁孩子必须学会的单词，而不是提前教孩子将来需要学会的单词。所以我在给贤镇读书时，只挑符合她心智和身体发育特征的书，从不提前给她读那些让她觉得吃力的书。

在这段时期，如果一天当中我给贤镇读了2本母语书，就会读1本英语书；学习了30个母语词汇的话，就会学5个英语词汇；用母语一起读、说、背了6~7句的话，英语只是1句。

如果想要培养孩子扎实的英语读解能力，就一定要学习符合孩子母语水平的内容，而不应该一心想着提高难度。比7岁美国孩子读的内容简单几个阶段是理所当然的事。因为我们的母语是韩语,不是英语。母语词汇积累得越多越丰富,英语读解的速度就会越快。

- 给孩子读那种简短的、有简单的起承转合的故事书或生活童话书。
- 在学习英语之前,先用母语解释让孩子充分理解,培养孩子扎实的母语词汇基础。

在幼儿园阶段逐步提高给孩子读书和与其说话的速度

在贤镇上幼儿园那段时期，我给她读书和跟她说话的速度比婴幼儿时期稍微快了一些。因为如果语速太慢，首先出现的问题就是不容易连音。如果养成不连音的习惯，就会一个音节一个音节断开读，俗称"定型机发音"，比如把一句话读成"You / have / to do / this."

速度也是一种习惯。就像庆尚道（韩国的一个与直辖市类似的地区）的妈妈们即使用非常快的速度说话，孩子也能听懂一样，学英语时也要让孩子适应快速的听和读。即使一开始听不懂，但持续大概一个月，就会逐渐适应。习惯了快速说话之后，孩子的肺活量就会慢慢变大，也能慢慢变得善于连音。

等上小学之后，生活童话CD里的语速会非常快，所以最好从幼儿园时期就开始锻炼孩子慢慢去适应。刚开始让孩子理解句子意思的时候可以稍微慢一些，然后逐渐加快速度。这样一来，将来在听原版CD的时候，孩子就不会那么吃力了。

"Speak Out!" 一定要出声念书的理由

贤镇 5~7 岁那段时期，我经常生病，也瘦了不少。我记得这样跟丈夫说过："很怀念贤镇两三岁的时候。那时候，她只是乖乖地坐在我的腿上。现在只要一提读书她就会跑到奶奶房间里锁上房门，真是累人。"

每当这时，我就会在门外说："灰姑娘贤镇！毒苹果！It's a poisoned apple!"来吸引孩子。这样孩子才会好奇地打开房门。晚上下班回来，还要想办法吸引孩子的注意力，这让我感到非常疲倦。

好不容易劝孩子读完了一本书后，还要大声用书里出现的句子玩一玩。之后，我便会觉得眼前发黑和眩晕。

丈夫看不下去了，就让我给孩子放CD。第二天，我那样做了。但孩子在床上做别的事情，不注意听。后来竟然按下CD机的停止按钮，关掉了机器。CD里的声音对孩子来说，如同噪音。

在那段时期，贤镇爱发脾气，对新故事很快就会失去兴趣，很难养成读书的习惯。不仅如此，我下班后经常10~12点才到家，很多时候贤镇从幼儿园回来就一直看电视。当时的情况非常不利于孩子与书成为朋友。

给贤镇买书的时候，我一定会买带有CD的，但不会让孩子一个人听。让孩子自己听CD，大部分孩子会出乎意料地不愿意听甚至觉得害怕。在孤独的空间里独自听着听着，甚至会哭起来或者会自己把机器关掉。所以，在放CD时，我一定会躺在孩子旁边，跟她一起说CD里放出来的句子。

首先，用韩语说明内容，让孩子理解；然后再读四五遍，书中最重要的句子会分角色阅读。这样读6次左右后，孩子就会融入故事里。再放CD的时候，孩子几乎是屏住呼吸集中精神去听。使孩子集中精神听CD，让孩子喜欢上那本书的动力便是妈妈。

用这种方式跟妈妈一起开心阅读和倾听的孩子，不会觉得是在跟妈妈听CD、在学习英语，而是觉得自己是在欣赏。当孩子经常在妈妈怀里跟妈妈一起听CD，在脑海里想象跟妈妈一起阅读的情况，并一起跟读时，我才说一本书"被解决了"。

这样每天晚上都跟着说，不知不觉间，贤镇就进入了梦乡。时间通常在凌晨2~3点左右。我记得，当我从孩子房间出来，丈夫会问我："都读了？"我会回答："解决了。"就这样，"被解决"的书中出现过的话真的都成了贤镇自己的话。

很多妈妈会给孩子读书。但妈妈的责任不光是好好地给孩子读一次书，请拍拍胸口想一想，自己给孩子读过的书都"解决"了吗？

不管走到哪里，我都会强调"Speak Out"的重要性。闭嘴默读书，那是进入中学后速读解题时的事情。一直到小学，100% 要进行出声"朗读"。这与小时候妈妈给孩子读书的习惯息息相关。不要单方面给孩子读，要与孩子一起读，培养读出声的习惯。

有一次在我演讲结束后，某位妈妈提出了这样的问题："您让多给孩子念书，所以我买了几十本书。可我女儿每天都要我给她念同样的书。怎么办呢？得赶快解决那本书才能开始别的书……"

我马上反问那位妈妈："那本书您给孩子读了 100 遍吗？"

"没有，大概读了 30 遍。"

"那么请等一等，一直到读 100 遍为止。到时候，孩子自己就会觉得没意思，拿来别的书让您读的。"

给孩子读书的时候，大部分妈妈会因为这个问题而苦恼。其实，这是没有必要的。每个孩子都会有自己特别喜欢的书，他超乎想象地喜欢那本书的图画和内容，被那本书中的话所吸引。

贤镇不论小时候还是现在，都特别喜欢关于大便的故事。一读到"I pooped"的句子就会哈哈大笑。那本书读得差不多能倒背如流，以至于后来我惊讶地问她："这本书的内容你都知道，为什么还老让我给你读？"然而，贤镇却觉得我读那些句子和内容时的表情非常有趣。

我们还把那本书分角色读了好几次。使用这种方式很好，因为有的内容让孩子读，就会一点点地减少妈妈要读的篇幅。我假装呜呜地哭，说："I…"并给贤镇使眼色，她就会自觉地接着说："Pooped!"我假装发火，大喊："You pooped again?"并使眼色说："I said…" 贤镇就会说："I'm sorry."她非常喜欢这样的分角色阅读法。后来，贤镇已经能够独自说出"I said I pooped."我问"So?"她就会流利地背出"Mommy went to the supermarket."

后来如果我说："贤镇，这个给妈妈读一遍"，她就会像读书一样读出来。尽管她还不识字，但她把那一页句子都背下来了。然后，我会说："哇，真棒！"来称赞她。她就会说："妈妈这次来当宝宝"，于是我们就调换角色。像这样来完美地解决一本书。

分角色阅读时，如果善良主人公的台词让孩子读，坏角色的台词由妈妈来负责，孩子就会觉得更有趣。

在开心的同时，那些台词会真的成为孩子自己的话。尤其是书中完美的句子，会成为孩子平时用得上的话。贤镇已经11岁了，但还是会说小时候幼稚的表达："Mom, I pooped."我跟她说："现在不可以那么用，要说'Mom, I'm done.'"可她依然觉得那句话有意思。小时候总是大声读给她听的语句，她现在也能自由自在地使用。

妈妈大声朗读书中的内容给孩子听，完全解决掉孩子喜欢的一本书，书里的内容会让孩子牢记一生。

现在贤镇已经是小学生了，但我依然让她朗读童话书。一旦她想闭嘴默读，我就会提醒她。

"贤镇，你好好想想。九九乘法表是出声背下来的，还是闭嘴背下来的？"

"出声背下来的。"

"对。现在你仍背得下来，是吧？如果你当初只用眼睛去背，会怎样呢？"

"我可能背不下来。"

"你不朗读就背诵的话，那些话就会被永远关在你嘴里，说不出来。你要像背九九乘法表那样，大声喊才行。"

养成朗读的习惯后，句子里经常出现的介词和语法也能得到解决。 比如"in the summer, in the winter"等表达中的"in the"就会自然而然地脱口而出。小时候说"摔倒，fall down"，经常给她读"fall down 哐当！ fall down 哐当！""fall down 哐当！"就像惯用语一样自然而然地被记住了。

现在，很多人一听贤镇说英语，经常会问："你是不是在外国生活过？"因为他们觉得贤镇"the"或"in the"等冠词或介词、惯用语等语法部分掌握得非常好。

回想起来，贤镇在5~7岁的时候，我非常努力地训练她那部分的口语练习。她说"on desk"时，我不会轻易错过，一定会张大嘴强调："No, on THE desk? Is it on THE desk?"那么，孩子也会再一次模仿我的口型说"on the desk"。通过这样的口语习惯，我让孩子掌握了语法的结构。

通常孩子们进入初中后，会因介词或惯用语而苦恼。但贤镇自然而然地在口语练习中解决了这些问题，因为我经常大声地读给她听。

给贤镇读书的时候，我不让她背诵书上所有的句子，只利用一个核心表达进行彻底训练也是一个要领。

例如，在给贤镇读《灰姑娘》的时候，我只让她记住"shoes"和"It fits me.(正适合我。)"这两个表达。我故意拿出贤镇2岁时穿的裙子给她穿上，说："It doesn't fit you."再给她穿上我的衣服，让她熟悉："It doesn't fit me."然后我假装穿上贤镇的衣服，让她说："It doesn't fit you."所以，不让她背"do，does"等人称变化，只让她熟悉那些表达。

对5岁的孩子来说，不能抽象地教他单数和复数的概念。从那时起，我开始找眼镜、裤子、鞋等成对的东西，强调"s"。这样说了几十次，贤镇便开始逐渐有了感觉。2周过后，对成双的东西，她都知道加"s"了。

光用眼睛读，过一段时间后，记忆就会变得很模糊。是"take off"还是"take in"搞不清楚。英语不属于韩国文化，句子结构和词汇都完全不同。不教语法教口语，孩子一辈子都不会忘记。作为口语的语法被熟悉了，以后作为文字用于考试的语法也会自然而然地被掌握。

妈妈在给孩子读书时，请注意以下要领。

孩子们对书也会偏食

孩子们不仅对食物，对书也会偏食。贤镇喜欢的图画书一定要颜色漂亮，人物还要金发碧眼。比如，她很喜欢Hello Kitty（凯蒂猫）的书。以前家里有以刺猬和田鼠为主人公的有趣的日文系列书，但孩子一看到

有褐色毛毛的动物，就把书扔到了一边。所以，不要别人说好的书就买，而是要了解自己孩子真正喜欢什么样的书。

读的时候把主人公的名字换成孩子的名字

如果把孩子设定成书的主人公，让孩子参与进去，孩子就会更感兴趣。"灰姑娘贤镇哭了。""就在这个时候，刺猬奶奶恰好出现，救了贤镇。"像这样把主人公的名字换成孩子的名字之后再读给她听，她就会敞开心扉拉近和书的距离。这个过程虽然比较辛苦，但非常重要。特别是男孩子，会更不容易集中精神在书上，所以一定要读成："这时，亨旭晕倒了。""亨旭，这是你！""He fell down!"尽可能吸引他的注意力。

另外，妈妈还有必要把书的内容和孩子喜欢的东西联系在一起，甚至说一些书上没有的话。比如，贤镇特别喜欢吃奶酪，我就读成："贤镇吃了奶酪就活过来了。"结果孩子完全被吸引住，还追问奶酪在哪儿。我就一边说："Here's your cheese"，一边真喂她吃了一块奶酪。以这种方式进行的话，只用一本书就可以展开绘声绘色的对话，达到完美的学习效果。

选择图画和单词一致的书

贤镇5~7岁的时候，我只选择图画和单词一致的书给她读。一幅画要能包含同一页上所有单词的意思。给孩子看这种书的话，即使孩子不会读单词，也能一看就知道是什么意思。

坚持不要让读书声变小

大声读书是一件很需要元气的事情，读着读着很快就会疲倦。所以很多时候妈妈会忘记大声朗读，声音会不自觉地变小。如果妈妈的声音变小，孩子的声音也会跟着变小。所以妈妈一定要时刻提醒自己大声朗读。要记住，越是低声呢喃，孩子忘记的速度就会越快。

- 不要一本书只读一遍，也不要一次读好几本书，要反复把一本书多读几遍。
- 即使孩子不识字，也要教他大声说书上的句子。
- 要让孩子觉得读书是一种游戏。

妈妈是最好的英语老师

把介词和完整的句子一起当作九九乘法表背！
着重强调并大吼介词

dream of（梦想）/ take off（脱下）
take on（穿上）/ take out（取出）

随着英语难度的逐步升级，让孩子们开始感到彷徨和困难的便是"介词"。介词在英语里非常重要。因为根据用"on"或"off"的不同，意思会截然相反。但是，绝不能让孩子像我们上学时那样背介词。因为死记硬背达到一定限度后便放弃的情况太多了。

让我们先来想一下我们学母语时的情况。我们到了高中二年级才提出韩语语法这个概念，开始学习语尾、语干、助词。但奇怪的是，那些语法规则理解起来很难，然而我们在说话的时候，助词、语尾、语干都不会错。为什么会这样呢？因为我们从小学习的一直都是完整的句子。

虽然从没有学过"不"放在动词之前表否定，放在动词之后表疑问这种语法规则，但我们在说的时候从来不需要思考就会用。就是这个道理。在学习英语介词的时候，也要有节奏地大声读出含有这个介词的句子，把一句话整个背下来。妈妈要从孩子小时候开始，有意识地用更大的声音把介词的部分强调出来。我给贤镇穿衣服的时候会说："Put your clothes ON!"脱袜子的时候会说："Take OFF your socks!"以这种方式大声强调介词。托这种方法的福，贤镇非常清楚地记住了我大吼的介词，自然而然就会用了。

让我们从现在开始来大吼介词吧！孩子从此不需要再辛辛苦苦地背介词用法，一辈子也不会因为英语介词而饱受折磨了。

要选择低于孩子年龄水平的难度的英语视频

　　过了婴幼儿期，从5~7岁开始，我终于开始让贤镇看英语视频了。因为要听懂内容才能更好地理解，所以我选择了比贤镇的年龄水平难度低的视频。

　　最开始，我曾经让贤镇看《灰姑娘》《白雪公主》等迪士尼制作的儿童视频。但很快我就意识到自己失误了。

　　因为孩子看起来像是很有趣地在看《白雪公主》，猛地一看就像是都能听懂似的。但那是因为我已经给她读过《白雪公主》的童话书，书上的图画和视频画面完全一样。

　　和孩子一起看一会儿，我就发现视频里出现的台词对孩子来说太难了。比如，视频里说了这样一句话："She ate a poisoned apple.（她吃了一个毒苹果。）"虽然出现了贤镇不会的单词，但她看起来就像是听懂了似的非常投入。其实她并不是听懂了视频里说的英语，而是单纯在看图画而已。虽然个别简单的语句能听懂，但事实上听不懂的单词更多。

我让贤镇看了大概 5 次之后，试探性地问她："What is poisoned apple?"她就像是平生第一次听到这个单词一样看着我："嗯？"我又重复了一遍："Poisoned!"她还是听不懂。

于是我用韩语解释了一遍。我问她："妈妈之前不是给你读过韩语书吗，公主是吃了什么死掉的？"她便回答我说："嗯，毒苹果！"我马上接着说："Poisoned apple 就是毒苹果！"她这才点头说："哦，原来是毒苹果啊！"很明显她之前完全不知道这个单词是这个意思。我问她为什么做出都听懂了的样子，得到的回答是："因为我知道这个故事的情节啊，不就是公主吃了毒苹果死的吗？"我这才"哎呀"一声惊醒："这孩子得有多少单词没听懂啊。"

果不其然，我不时地暂停视频测试贤镇，结果她听不懂的单词和俚语非常多。在皇后命令猎人去刺白雪公主的心脏那一幕中，她都不知道"order"是"命令"的意思。

如果同一个视频反复让孩子看 5 遍，孩子看上去像是很有趣的话，妈妈们就会以为孩子能听懂所有的句子。但是，妈妈们不知道，像贤镇这样根本没听懂的情况更多。

那时我就想："这样的话，贤镇没理由看这个。"于是便挑选了比贤镇年龄水平难度低很多的 2~3 岁幼儿用视频。这样一来，贤镇不仅能听懂视频中几乎所有的台词，其难度也和她目前能够实际说出口的句子不相上下。"I like it.（我很喜欢。）""Come here, Snoopy.（过来，史努比。）""Good job, Snoopy.（干得好，史努比。）"像这种句子贤镇当时都能听懂并跟着说，甚至还会灵活运用。比如，在视频里听到一句："I hate fish.（我讨厌吃鱼。）"某天她自己就在饭桌上说："I hate cucumber.（我讨厌吃黄瓜。）"

我这才彻底明白，这种除了个别一两句之外几乎100%能听懂的视频，孩子听了之后才能真正学会灵活运用。

现在贤镇在听CD或者视频里的句子时，因为已经养成了高度集中的习惯，听的过程中如果有不明白的地方，就会马上暂停返回，重新再听。妈妈一定要在孩子5~7岁的时候培养他这个习惯。

即使我让贤镇看她自己完全能够听懂的简单的视频，但在结束工作回家后，我也一定会再和孩子一起至少看一遍。这是为了知道是不是有孩子不会的内容，以防遗漏。

最愚蠢的妈妈就是做了99分的努力之后，却落下了最后1分。带着对孩子英语教育的热切关注，好不容易获得情报买了很好的英语教育视频给孩子看，如果把这算作是99分的努力的话，那么最后这关键1分便是陪孩子一起看视频，给孩子做出榜样。

在这个时期，以简短片段为主的5分钟左右的短篇视频会比长篇视频更适合。我在这个阶段主要让贤镇看 *DoraDora*《朵拉朵拉》和 *Clifford*《克利福德》等类似的视频。我的目标就是，在一个片段里，贤镇能学会说一两句话就可以了。

我和贤镇一起看《克利福德》时，一旦出现想要教给贤镇的句子，我就故意做出非常喜欢的样子，大声张口跟着视频说。比如，克利福德说："Where shall we go?"我就装作很喜欢这句话似的跟着学。这样孩子也觉得很有意思，便会像我一样跟着说。

根据妈妈让孩子看视频的方式不同，孩子的态度也会有所变化。如果妈妈只是把视频播放后就去做别的事情，等想起来再看时，孩子已经不在那里，跑到别的房间做别的事了。盲目把孩子托付给音频或视频就不管了是不对的。通过机器学习的语言是有限的。以为孩子听了音频或视频就能学会英语的期待感都是错觉。

看视频的时候，妈妈在旁边陪孩子一起看或不看，对孩子形成的影响完全不同。即使是一起看，如果妈妈不跟着视频说，只是闭嘴安静地坐着，孩子也会闭上嘴安静地看。相反，**如果妈妈在旁边又是跟着说，又是笑，表现出积极的反应的话，孩子也会把精神全部集中在视频上。**

在这个时期，几乎没有什么事是贤镇独自做的。我们一起看视频，一起玩游戏，还一起长时间洗澡，以至于丈夫都担心我们把皮肤泡皱了。

贤镇现在还说非常想念那段做什么事都和妈妈一起的时光。她总是会想起自己小时候把我的胸部当枕头枕着洗澡，经常说："I miss your boob pillow.（我好怀念妈妈的咪咪枕头。）"

在我小时候，如果妈妈让我自己干什么事的话，就很容易分心、走神儿，觉得很孤单。所以我不想让我的孩子也孤独地自己听、自己看、自己读。就像许多人聚在一起吃好吃的东西要比一个人吃更美味一样，妈妈不要不管不顾地让孩子自己看视频。如果只是交代孩子："看这个吧。"然后转身离开的话,孩子自己只会呆坐着看。结果妈妈根本无法知道孩子有哪些不会,更谈不上教好孩子,还会让孩子在情感上感到孤独。这是我非常不希望看到的现象。

语言是相互的,在学习语言的时候,你来我往的练习越多,效果就越好。在训练拳击选手时,聪明的陪练绝不会待着不动,而是会往预料之外的方向躲避和进攻。这样的话,选手在实战比赛中才会发挥出色。同样,妈妈作为孩子的英语陪练,要随时陪伴其左右,不时给予刺激。"Together English" is the Best!

· 幼儿园时期要给孩子看非常短的独幕视频。
· 让孩子看英语视频时,妈妈一定要在旁边陪孩子一起看。

Supermom's ADVICE

在给孩子看英语视频之前需要注意的几点

- 不要给婴幼儿时期的孩子看视频。
- 一天不要超过30分钟。
- 不要给孩子看故事较长的视频,选择内容简短的。
- 给孩子看大大低于他年龄水平难度的视频。
- 妈妈要坚持和孩子一起看,并跟着说简单的句子。
- 先用母语给孩子读书,让孩子提前熟悉故事内容。

让孩子看英语视频的方法

- 挑选没有字幕的视频。因为对字幕产生依赖心理后,对声音的注意力就会降低。
- 一起唱主题曲或插曲。
- 如果孩子有理解不了的地方,用母语稍加说明。
- 特定的场面中出现有趣的台词时,和孩子一起高兴地模仿。

英语童谣——"Singlish"的鼎盛期

年过 80 的婆婆至今还一字不差地记得日本殖民统治时期学习的日本童谣的歌词。我们小时候背过的九九乘法表,之所以成年之后也不会忘记,就是因为小时候是像唱歌一样有节奏地背诵的。

在所有的声音中,最能长时间在人类记忆中留存的便是"歌曲"。

不论再怎么喜欢,电影和书也很难反复看 10 遍、20 遍以上。与之相反,歌曲唱上 100 遍也是有可能的。岁月流逝,但高中时候曾经疯狂喜欢的那些欧美流行乐,我到现在都还清楚地记着歌词,去 KTV 唱歌时也会不厌其烦地唱个没完。

这就是歌曲的力量。虽然讨厌学习英语的人有很多,但很少有人讨厌好听的欧美流行乐。而英语童谣因为其单纯简短、重复性强、有节奏感,再加上小时候总是大声地唱,所以会终生牢记。

曾经有一次,某文化中心举办了一场为期4周的教孩子唱英语童谣的讲座。在那里,我体验到了英语童谣那惊人的威力。

用韩语唱一遍,用英语唱一遍,和妈妈一起边做动作边唱,一边发糖果一边唱。就这样在4周的时间里唱了30首歌。4周刚过,那些年龄最小的讲座参加者——还不到1周岁的孩子也能一点不差地唱出英语童谣,流畅地吟诵那些英语单词。因为学习的是用童谣和动作组织起来的有趣英语,所有孩子没有谁落后也没有谁超前,全都学会并记熟了。即使是垫着尿布的孩子,也表现出了对英语童谣的高度热爱。英语童谣的力量就是如此强大。

可以说,驱使贤镇学会四国语言的基础就是童谣。英语就不用说了,日语也是我买来一堆日语童谣CD放给她听,她便马上学会了。

《一闪一闪小星星》的"一闪一闪"用英语说是"twinkle, twinkle",用日语说是"きらきら",用韩语说是"반짝반짝"。只要知道一种语言,听到其他语言就能马上联想到是什么意思,这就是童谣的力量。只要让孩子听童谣,孩子马上就能联想并理解"きらきら=一闪一闪"。

啊,歌曲果然很伟大啊!只要清楚地了解歌词,并学会用母语唱之后,再学其他语言的版本简直易如反掌。

在六七岁之前,和妈妈一边学唱英语童谣,一边熟悉其中所包含的单词,完全可以用游戏形式解决的事情,为什么一定要从小就教孩子字母和音标呢？我实在是不能理解。

在5~7岁时，孩子就会唱所有童谣了，发音又好，童谣歌词里出现的表达方式和完整的句子也会灵活运用到日常生活中，这个时期最能尝到教童谣的甜头。"杰克兔子，杰克兔子，你要去哪里呀？""Jack rabbit Jack rabbit, where are you going now?"孩子通过这句话就可以学会灵活运用"where"这个单词，并能马上用嘴说出来。这是这个时期学英语的最佳方法，这个时期也是体现成果的最好时期。

上小学之后，英语童谣的效果就会大打折扣。一年级时可能还有些效果，但到了三四年级，孩子们就会觉得童谣太幼稚，不愿意唱。教这个年龄段的孩子边唱童谣边做动作，确实比较困难。

英语童谣对于打开孩子的声带也有很大的帮助。贤镇从小就有哮喘病，18个月的时候还因为毛细支气管炎住院3个月。当时的情况严重到嗓子哑得说不出话，还进了重症室。贤镇的声带还是在学会唱童谣之后才完全打开的。

现在贤镇说话的时候，还能看出肚子在用力。因为贤镇小时候经常唱童谣，所以嗓音在不知不觉中得到了训练，说话声音也变大了，嘴和下巴的肌肉也长得很结实。多亏了这样，贤镇在唱比较长的歌曲或说比较长的句子时，呼吸才不会力不从心。

用歌曲学英语的话，矫正发音的效果也很显著。贤镇原来不太会连音，在学了童谣和欧美流行乐之后，就开始会说连音了，语法也很自然地会用了。用没有韵律感的语言和单词教英语与用英语童谣教英语，记忆速度完全不在一个层次。一段时间过后，童话书里学来的表达方式也许会忘记，但童谣的歌词绝对会清楚地记得。

我至今都骄傲地认为，*Kids Singlish* 系列是我这一生中最优秀的作品，而这套书最初就是为了贤镇而作的。因为贤镇不太喜欢意思较难的美国童谣，只喜欢唱韩国本土童谣，我才下决心要把韩国童谣都翻译成英语。我买来韩国本土童谣的CD，开始一首一首地翻译。先把本土童谣的歌词翻译成英语，再进行调整，使其符合节拍和韵律，变得有节奏感。因为韩语和英语的语序不同，想要让歌词和节奏完美地配合在一起不是一件容易的事。

之后我亲自去了一趟美国，找到美国诗人协会的专家，把歌词改成儿童用语，又找到语法专家检查是否有语法错误，回国后又请韩国的童谣作家调整韵律。而这些童谣一定要让真正的美国孩子唱出来，所以我又搜寻了一些合唱团出身的、了解韩国童谣旋律的第三代侨胞，让这些孩子在纽约完成了录音。

另外，我的想法并没有停留在学童谣上，而是要达到能够灵活运用的目的，所以我针对每首童谣都创作了会话例句。就像我和贤镇做过的一样，《杰克兔子》里出现"去哪儿？"这句歌词，就在"Where are you going now?"这个问题下面列举出"I'm going home.""I'm going to the playground."等句子。又把这些句子做成 rap 版本，让孩子能够大声说出来。这样下来，作一首童谣需要一个月的时间是常事。

当时还有版权问题。虽然我做了大约 150 余首童谣，但一半以上没能得到原词曲作家的授权。

这个工作是从贤镇 1 岁的时候开始的，贤镇 5 岁时我开始联系专家，最终完成是在贤镇 9 岁的时候，这意味着我做这项工作花了 9 年的时间。因为贤镇 5~7 岁期间和我一起学会了这 150 余首童谣，所以可以说贤镇的外语实力就是"Singlish"的成果。

因为清楚地知道韩语童谣的意思，所以"太极旗在风中飘扬"里"风中飘扬"对应的"waving in the wind"这句话，原本对 5 岁的孩子来说是难度很大的短语表达方式，但贤镇很轻易地就完整地背了下来。《杰克兔子》中，利用"Where are you going now?"这句歌词来玩问答角色游戏，"I'm going to my room.""I'm going to the bathroom."像这样不计其数地运用过多次。

因为不是句子而是歌曲，贤镇经常唱 10 遍就马上背下来了。就这样学了 150 余首童谣之后，贤镇的英语就像满溢的池水一样自然地从口中说出来了。

那么，为什么没有直接学习美国童谣，而是辛辛苦苦地把韩国本土童谣翻译成英语呢？

因为如果学习美国童谣的话，从一开始就会让孩子觉得这是学习而不是游戏。在美国童谣中，难度高的词汇比我们想象中的要多，而且还会出现很多美国俚语，很多歌词连我都要查词典才能确切地知道是什么意思。比如，有一首歌是这样唱的："London bridge is falling down, my fair lady~"这就需要另外给孩子解释关于伦敦桥倒塌的背景，还要解释"fall down"这个短语，难度很大。

与之相反，如果用孩子从小就很熟悉的国内童谣学习，投入努力和时间之后，很容易就能收获成果。特别是像《熊爸爸熊妈妈》和《小星星》这种韩、美、英、中等全世界都会唱的童谣，更是很容易就能灵活运用。因为孩子很熟悉歌词的内容，不用再另外给孩子解释并加深理解，所以就有可能孩子在听了之后马上能说出这些英语表达方式。这就成为了张口说英语的契机。

我和贤镇后来还涉足创作童谣，小学二年级时，像《在微风吹过的原野上》这样的童谣贤镇都能马上用英语唱出来。就此，"Singlish"的实验完美地结束了。

5~7 岁是灵活运用童谣愉快地学英语的最佳时期。在这段时期内用歌曲学会的那些英语表达方式，会被孩子牢牢记住，并伴随终生。

· 借助童谣学英语能够发挥最大效果的时期是幼儿园时期。
· 英语童谣能让妈妈付出的努力更容易得到回报。

让家里充满"熟悉的"英语的声音

孩子5~8岁期间，让家里充满英语的声音非常重要。但需要注意的是，不要放孩子没有听过的CD和没学过的句子，而是把那些妈妈已经给孩子读过、解释过、孩子已经充分理解了意思的CD，反复放给孩子听。

我在每天早上起床时和每天晚上睡觉时，坚持有规律地给贤镇放同样的英语童谣。当然，并不是单纯放声音出来，我会和孩子一起起床，并用嘴跟着说。比如，早上起床的时候放《杰克兔子》的英语版本"Jack rabbit Jack rabbit"，让英语的声音充溢在房间每个角落。虽然孩子睁开了眼睛，但还没有完全睡醒，会哼唧哼唧地表示不满。就算我故意用愉悦的声音开场："Where are you going now？"孩子也只是躺着听我唱歌。因为刚从梦里醒来，暂时还没有完全清醒，所以孩子会觉得烦，不想跟着学。这时候我就会进行到下一句，用更大的声音对她喊："Jack rabbit"，然后贤镇就会以一副忍受不了的表情勉勉强强地小声说："Jack rabbit"。这样算是过了一关。然后我再问她："Where are you..."她就会不知不觉地接口说"going now"。因为这些都是孩子早已熟知的童谣、熟悉的声音，所以可以很自然地让孩子轻轻松松地多说几遍。

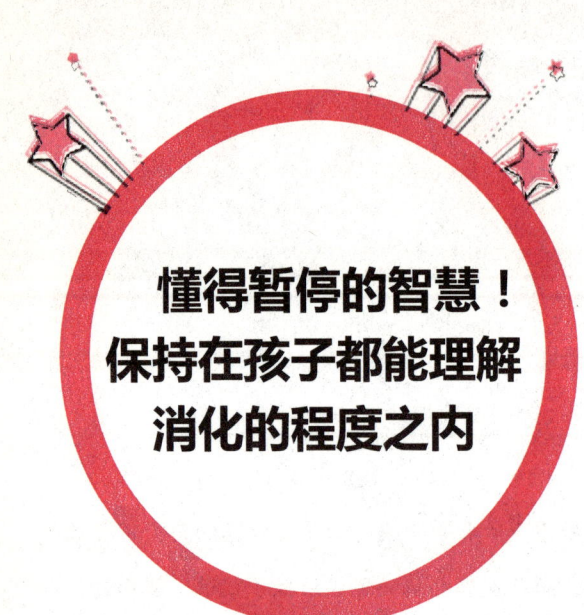

懂得暂停的智慧！保持在孩子都能理解消化的程度之内

如果人吃太多，超过可以消化的范围的话，就会吐。给还没长牙的孩子吃再贵的排骨，孩子也吃不了。同样的道理，孩子每天能理解消化的英语也是有量的限制的。而这个量根据当天的心情和气氛的不同会有所变化。有时候开心地边玩边学能持续一个小时，但有时候刚开始20分钟就觉得特别吃力。

如果孩子表现出疲倦的气色，精神不集中、手脚乱动的话，妈妈就不要再强迫孩子，要懂得马上停止。就像收入是100万韩元就买不了1000万韩元的名牌包一样，根据孩子个人能力的不同，对英语的领会能力也是有区别的。词汇尤其如此。按照月龄和阶段，孩子可以接受的单词量是有限的，妈妈们需要具备在这个数量范围内控制自己的贪念的智慧。

"妈妈牌英语"不是百米赛跑，而是漫长的马拉松比赛，所以妈妈们需要时刻调整和改变速度的缓急。不要总抱着在短时间内把一本书快速学完的急躁想法，要抱着把一本书通过六七年的逐步学习以达到滚瓜烂熟的平和心态。如果书里有600种表达方式，那么把这600种分成6年来学习，谁都能学得很透彻。不立下长期计划，而妄想在几个月内看到成果的想法，过分贪心了。

重要的是，在这个时期，学习新知识并不是最紧要的，要把时间多多放在复习之前学过的知识上。就拿"let's go"这个短语来说，可以练习说："Let's go to the bathroom." "Let's go to the kitchen." 只要不停地变换后面的名词，这个短语能够持续练习一个月。再比如，今天新学了一个"look at"，那么在一周之内就要动用所有已经学过的单词来造句子，像"Look at my daddy." "Look at the sky." 这样不厌其烦地练习。如此一来，"look at"这个短语就会像附在孩子嘴上一样，绝对不会忘记。

理解了之后才能说出口。想理解就需要无数次的反复练习。"理解"翻译成英语是"understand"，这个单词的字面意思就是：向下看，答案就站在那儿。始终要把英语放在孩子向下能够看到的高度，让孩子气喘吁吁地仰望英语的教育方式，是摧毁儿童英语教育的最快方式。

用小学英语单词书教 3~5 岁的孩子学音标；让小学一年级的孩子做三四年级的读解习题集；让孩子做拼写游戏时，错一次就训斥……现今的早期英语教育最大的问题，就是这样一味地以"超前"为主。

当然，上小学之后，让孩子学习比自己的水平稍高一些的内容不是坏事。但是，从小就一味用高难度的书把孩子硬拖着往前走的教育方式，就像是让基础体力都没有训练好的足球选手上场比赛一样，结果注定是悲惨的。

如果 5 岁的孩子在厨房里很熟练地用刀，家长也许会感叹："哇，真厉害。"但实际上总觉得不能放心。刀法等长大了再学也没什么问题，并且长大了再学家长心里会更安稳。同样的道理，英语也不是一味提前学习就会得到好结果的。

妈妈在教幼儿英语的过程中要做到，如果有一天孩子不太爱学，就马上停止，第二天再继续，不要硬逼着孩子学下去。另外，比起别人推荐的书，孩子喜欢的、妈妈教起来也容易的书才是最好的选择。

和婴儿幼时期相同，千万不要测试孩子。现今，不仅英语幼儿园对 5~7 岁的孩子进行测试，连一般幼儿园也进行字母测试。英语幼儿园已经有考试了，这样还不够，回到家妈妈再说"来，写一个 apple"去测试孩子的话，孩子真的会一辈子抗拒英语的。

像我这个年龄的人小时候最讨厌的就是被测试。一旦产生被测试的感觉，孩子马上就会开始讨厌英语。

5~7 岁的孩子是最固执，也是自我意识渐强的阶段。不要总想着测试，要给这个阶段的孩子植入"英语是超级简单又有趣"的意识。

· 只教孩子能充分理解的单词量。
· 比起学习新知识，要花更多时间去复习已经学过的内容。
· 过度的超前学习会让孩子的英语消化能力倒退。

孩子是内向性格?

孩子语言发育的奥妙之处就在于,从小一起长大的亲兄弟的口语实力有可能完全不同,在幼儿园同一个班里一起学习的每个孩子的口语实力也都不尽相同。

虽说语言学根据平时练习的多寡实力会有所不同,但影响最大的还是孩子的性格。越是安静话少的孩子,口语实力就越难提高。所以有很多妈妈很苦恼:"我家孩子性格内向,不太爱说话。"

实际上,这不应该怪罪于孩子的性格。即使是性格内向的孩子,如果自己需要或是着急,也会张口说话。想说的话一定会说出口;生气的话一定会大叫;知道如果不唱这首歌,妈妈就不给自己什么东西的话,也会不得不唱。妈妈的作用就是要刺激孩子、引导孩子说话。

那些不爱说话的孩子,很多都是学习新东西时也不积极,并且下意识地不想唱歌。这样的孩子即使送进培训学校,还是会紧闭嘴巴。这个时候,妈妈的作用就格外重要了。

内向的孩子也喜欢玩耍,所以妈妈要掌握孩子喜欢什么,一起去幼儿园或大声吵闹着比赛垒塑料积木。如果妈妈不用这种方式引导孩子,就有可能一辈子说着"因为我家孩子性格内向",而把孩子不爱说话的原因归于孩子的性格。妈妈一定要竭尽全力引导孩子开口说话。

字母、音标、单词真的要从幼儿园就开始学习吗

我至今还清楚地记得,小时候在冲绳上美国学校的时候,一位黑人女老师被辞退的事情。原因是她惩罚不听话的学生"从1到100写3遍"交给她。

当时学校校长和家长们都闹翻天了,甚至还上了美军部队的报纸,是一个影响力相当大的事件。因为她竟敢让小孩子做辛苦的体力劳动。如果是在韩国,老师完全有可能让学生老老实实地写300遍,而对于美国人来说,这却是能够让他们解雇一个老师的大事。

上小学一年之后,老师让学生做的第一件事就是,用彩色铅笔画线画圈。这是为了在正式开始写字之前,培养手指的力量。因为在训练之前，就算孩子再聪明、再出类拔萃，但手上还没有力气。

但是，现今的妈妈们总是嘲笑学校的课程："我家孩子早从4岁就开始在幼儿园学写字了。"当今的社会现实就是，以写字为首，课外教育总是抢先超前进行，而国家教育总是打马后炮。

在国家教育课程中，小学一年级英语会学习见面问候语"Hi!"而妈妈们都会嘲笑着说："这是很久以前就在英语幼儿园学过的东西。"看到三年级的教科书里教"Where are you going?"这句话，妈妈们就会冷哼一声说："虽然我家孩子上三年级，但我们现在能用美国四年级教材学数学和科学。"国家教育和课外教育就是存在着如此惊人的距离。

一直到贤镇7岁，我都没有让她学写字。其他孩子在5~7时都已经学过了字母和音标，一上小学就会流畅地读书，英语幼儿园也会添油加醋地强调音标的重要性。

我的想法则不同。在让孩子拿起笔之前，要先让他学会叽叽喳喳地说英语。即先训练孩子张口说英语，8岁之后再让他握笔。因为孩子在握笔的同时，嘴就会合上；在学字母的同时，就会把注意力都放在单词上，紧闭嘴巴，不会再专注于口语和听力。

如果孩子表现出对单词的极大兴趣，家长真的想教他学字母的话，也千万不要让他用手写，只让他用眼睛记忆。并且，在给孩子读书的过程中，教孩子喜欢的部分的用法要比教一个个的单词好。

我在教贤镇的时候，也没有让她练习写字。为了让她用眼睛记住orange的"O"，我会一边让她听发音，一边给她看"O"型玩具。虽然我也会利用印有超大字母的教具做游戏，但从没有让贤镇拿笔写过。

因为我确信贤镇还没有做好学单词的准备。

在美国和加拿大也不会教这个年龄段的孩子背或者写单词，而是以体验学习为主，让孩子学画画。不管是高考还是托业考试，没有哪个英语考试是考拼写的，所以绝对不要让孩子边写边背。

但是，只有韩国孩子很小就开始学单词了。人类是会自动适应环境的动物。如果教幼儿园的孩子从5岁开始学写字，他们会跟着学，但同时嘴巴也会早早地紧闭。这样一来，孩子上小学一年级之后，在学校要听写单词、默写单词，慢慢地就会变得不以沟通为目的，而以应付考试为目的来学英语。

只要学会了阅读规则，读解就不成问题。以前我们都是14岁才开始学"A、B、C"，但丝毫没有影响我们阅读。口语学习越早越好，但阅读、书写多晚开始学都不算晚。

母语是英语的孩子从8岁才开始学写字，我们到底在着急什么呢？为什么要推崇5岁学字母、6岁学音标、7岁学读文章、8岁做考试题呢？少数人制造出的这种奇怪的标准，就是韩国妈妈焦躁心理的产物。但可怜的孩子们失去了太多太多，不是一句"焦躁症"就可以一带而过的。

音标也有被过分夸张的一面。它并不是多伟大的公式，但现今的妈妈们有些过于推崇了。我也曾经教过贤镇音标。在"bear"的"ea"上划一个圈儿，反复教她读"[ɛə]"，她也马上就跟着学会了。但是，在教贤镇读《杰克与仙豆》的时候出现了"bean"这个单词，她马上就读成了"[bɛən]"，甚至看到"steak"也读"[stɛək]"。学习了"up、cup、duck"之后，看到"bury"，贤镇就会读成"[bʌri]"，而不是

"['beri]"。我又没办法对着一个还不懂得"例外"这个词是什么意思的孩子解释说"这是例外"。

所以我立刻把教音标的书扔一边了。如果连英语单词里无数的例外也要一并学习的话，对孩子来说就太吃力了。等到了 8 岁左右需要读书的时候，再浅浅地教给他的话，一定会有所帮助。所以千万不要盲从。因为音标并不是 100% 适用的固定规则。

以前我们上初中第一次学英语的时候，虽然没有单独学习音标，但"I'am Tom"里叫"Tom"的小孩一说到"Tom"，我们也能很自然地大概听明白应该发"[tɔm]"的音，从来没有"t、t、t, o、o、o, m、m、m"这么辛苦地背过。

音标并不是英语的全部，顶多就是在 8 岁的孩子出声读书的时候作为辅助的道具，绝不是什么必备武器。读音是可以在学习的过程中慢慢矫正的，没有必要非得强行要求"这个月的内容是背诵带'ea'的所有单词"。一旦开始这样的学习，英语就会再次变得无趣。英语单词只需要知道怎么用正确的发音说出来就可以了，重点是用眼睛记忆拼写，用嘴练习发音。

- 妈妈越早开始教孩子写字母，孩子就会越早紧闭嘴巴。
- 不要盲目相信音标。音标只是辅助读书的一个小小工具而已。

我的孩子为什么不想学

上了幼儿园之后，孩子们就开始正式显露出不同的个性。内向的孩子、文静的孩子、活泼的孩子、喜欢唱歌的孩子、沉迷于游戏的孩子……每个孩子的取向和个性都不同。

以妈妈们为对象的谈话经历，让我意识到什么事情都不是100%准确的。我很少听到妈妈们说"没错，我家孩子也喜欢这个"，反而是这样的反馈意见更多："我家孩子为什么这么讨厌唱歌呢？他不跟着唱啊。""因为您说《史努比》好，我就买了让孩子看，可我家孩子根本不喜欢。"

同样的食材可以有多种烹饪方法，根据吃的人不同，做的方法就需要有所改变。英语教育也是如此。孩子需要一个全职"厨师",这便是"妈妈牌英语"。其中比较危险、需要重视的一点就是,经常会出现妈妈强迫孩子按照自己的口味吃饭,而忽略了孩子本身的口味。

选图书和教具的工作妈妈也都是依照自己的口味。有的妈妈总是想不明白:"我家孩子为什么不听这个 CD 呢?这可是电视购物里超级畅销的产品啊!"有的妈妈断定电脑对孩子有害,就说:"别玩电脑了,该学音标了。"硬是强迫非常喜欢电脑的孩子离开电脑学英语。妈妈们总是错误地认为自己选择的东西一定是有用的,而且越是英语好的妈妈,越容易犯这种错误。但是,这些都是不合孩子口味的东西。这个时期妈妈一定不能一味要求孩子配合自己的口味。

很久以前,一个叫做《天线宝宝》的婴幼儿节目人气非常高。这个节目是在英国制作的,在全世界都拥有超高的人气。在韩国正式放映时,妈妈们看了都有些迷茫。影片里没有多少对话,只会像傻瓜一样发出"噗噗噗噗"的声音,不停地重复相同的几句话。大部分妈妈都怀疑这个节目的制作水平是不是太低了。但是,真正 2~4 岁的婴幼儿却尖叫着说喜欢,总是模仿其中的台词。这是因为这个节目不同于妈妈们的想法,而是符合孩子们的口味和水平。这个时期妈妈在教孩子英语的同时,一定要留心观察,孩子真的是因为喜欢才学的吗?

通过这个问题妈妈一眼就能看出端倪。虽然孩子在婴幼儿时期妈妈让干什么就干什么,但到了 5~7 岁,如果不喜欢就有可能半路甩手不干,也有的虽然表面看起来还在学习,但心思早不知道跑哪里去了。如果出现这种情况,妈妈最好能马上领悟到,这是无法吸引孩子兴趣的主题，是不合孩子口味的内容，要立刻停止。

贤镇也是一个很挑剔的孩子，我在教她英语的时候几乎有着所有的不利条件。因为我回家晚，贤镇就有点儿沉迷于电脑；因为贤镇的哮喘病很严重，也不爱张口唱歌。此外，贤镇的个性太强，非常固执，不喜欢总是无趣地重复同样的东西。因为她不喜欢复习，经常遗忘先前学过的东西，背诵能力也比其他孩子差一些，所以我那时候需要花费很多时间去研究她到底喜欢什么。妈妈们要选择符合自己孩子的食性、取向、个性的材料，再用作料加以调味。在幼儿园时期，这种教英语的方法非常重要。

即使是食物英语，如果没有用孩子喜欢的食物也是很难进行的。我喜欢甜食，但贤镇和我不一样，比较像爸爸，喜欢咸咸的食物。吃肉的时候，我喜欢吃带点儿甜味的酱排骨，而贤镇的喜好却一点儿不像小孩子，喜欢用鲜肉沾盐吃。我吃红薯的时候，贤镇就和爸爸一起用土豆沾盐吃。

所以，在进行食物英语的时候，如果我拿着红薯凑近贤镇说："Sweet potato! It's sweet."她不会表现出一点儿兴趣。相反，如果我装作在"呱吧呱吧"地吃土豆，即使她在远处玩也会喊叫着跑过来。然后，我就会一边说："You want some potato? Chop it in the salt!（想吃土豆吗？沾盐吃吧！）"一边用土豆沾盐喂她吃。因为英语也有食性，用孩子喜欢的食物作教具，他就会服服帖帖地跟着学习；如果出现一点儿讨厌的食物，孩子立刻就会失去兴趣。

当时我察觉出贤镇已经沉迷于电脑，就果断地跟她一起学习了和电脑相关的内容。我经常利用在网上一点击就能播放的美国童谣,还有那种孩子必须出声才能运转的光盘,甚至连游戏也用上了。

这个时期的问题经常出在妈妈们身上。大部分妈妈会从这个阶段开始松懈,厌倦了想方设法创造独一无二的教学方法去迎合孩子的性格,也觉得买书背英语很累,难以坚持下去。我比谁都了解这种心情。教婴幼儿时期的孩子学英语比较容易,只是教些简单的句子,比如:"You want some milk?""Delicious?""Very good."但从孩子上幼儿园开始,句子慢慢变长,词汇也变多了。其实,真正学起来还是很简单的,但很多妈妈就会说:"哎呀,我英语不行啊,坚持不下去了,还是从现在开始送培训学校吧。"就此撒手不管了。如果妈妈此时选择放弃,那么长时间在孩子身上下工夫搭建的英语高塔,就会在关键时刻倒塌,前功尽弃。

我之所以非常了解这种心情,是因为我在这个时期也觉得坚持下去太难了。但真正接触后,你就会发现英语没什么大不了的。有一天,我和贤镇玩给布娃娃剪头发的游戏。我问:"OK! Hair cut! Do you like long hair or short hair?"如果贤镇回答:"Short hair."我就会"咔嚓咔嚓"边剪边说:"I cut your hair."

第二天,贤镇说剪头发游戏玩腻了,要玩化妆游戏。那天晚上我11点才下班,又困又累。但即使这样我还是尽量忍住,开始陪她玩:"OK! Put the lotion! Lotion, lotion!"下一步本应该是一边说:"Put your lipstick."一边给布娃娃涂口红,可贤镇又玩腻了,哼哼唧唧地想玩别的。最终我还是没忍住,冲她大喊:"不玩了!妈妈很累,我们睡吧。"

6~7岁的孩子的妈妈们非常相似。作为妈妈,不论对孩子有多大的热情,坚持6年之后,热情都会见底,体力也很难跟得上了。然而,妈妈们顾虑最多的还是认为自己的英语水平已经达到极限了。

但是,请务必铭记,妈妈放弃的同时,孩子也就失去了练习口语的对象。在英语幼儿园里不教的东西,妈妈完全可以教给孩子。就算是再好的英语幼儿园,在这个时期也会偏重于功课内容,真正能通过游戏让孩子锻炼口语的场所只有家里,陪练对象只有妈妈。但是,如果连妈妈都想放弃的话,孩子锻炼口语的绳索就会断掉。其实翻看一下儿童英语游戏书不难发现,这种程度的英语是任何成人都可以学会的。反正孩子上小学四年级之后,就必须养成自我主导的学习习惯。所以,妈妈们可以把幼儿园和小学低年级阶段的这段时间看做是和孩子一起学英语的最后机会。

· 尽最大努力尊重孩子的个性和口味,进行有针对性的教育。
· 不要因为累而放弃。妈妈是孩子练习英语口语唯一的陪练。

Supermom's Talk Talk English

在幼儿园时期可以使用的 30 个
生活英语和游戏英语的表达方式

刷牙的时候

01 该刷牙了。
Time to brush your teeth.

02 这是牙膏。挤挤看。
This is a toothpaste.
Squeeze it.

03 上下，上下，刷刷刷。
左右，左右，刷刷刷。
Brush up and down, up and down.
Brush back and forth, back and forth.

04 现在吐掉吧。漱漱口。
Now, spit it out.
Rinse your mouth.

穿衣服的时候

05 穿衣服吧。／脱衣服吧。
Let's get dressed.
Take off your clothes.

06 把袜子脱掉。／穿上袜子。
Take off your socks.
Put your socks on.

玩橡皮泥的时候

07 拉上拉链。/ 拉开拉链。
Zip it up.
Zip it down.

08 我们来做什么呢?
What shall we make?

09 让我们做曲奇吧。
Let's make some cookies.

10 这是橡皮泥。
This is play dough.

11 揉一揉。
Knead it.

12 搓一搓。
Roll it.

13 拍一拍。
Pat it.

14 压一压。
Press it.

15 捏一捏。
Stamp it.

表扬的时候

16 我真为你自豪。
I'm so proud of you.

17 你做得很好。
You're doing fine.

18 好！没错！
There you go!

19 你是最好的。
You're the best.

20 干得不错！
You did a good job!

21 你的记忆力真好。
You have a good memory.

Supermom's Talk Talk English

> 给孩子读童话书的时候

22 该讲故事了。
   It's story time.
23 这就是《灰姑娘》的故事。
   This is a story about "Cinderella".
24 我将播放《木偶奇遇记》的CD。
   I'll play a CD about "Pinocchio".
25 仔细听。
   Listen carefully.
26 请翻到下一页。
   Next page, please.
27 有趣吗？你在听吗？
   Is it fun? Are you listening?
28 今天的故事就到这吧。
   That's it for today.
29 你喜欢吗？
   Did you enjoy that?
30 明天我再给你读。
   I'll read you again tomorrow.

8~10岁

从小学一年级
到小学三年级

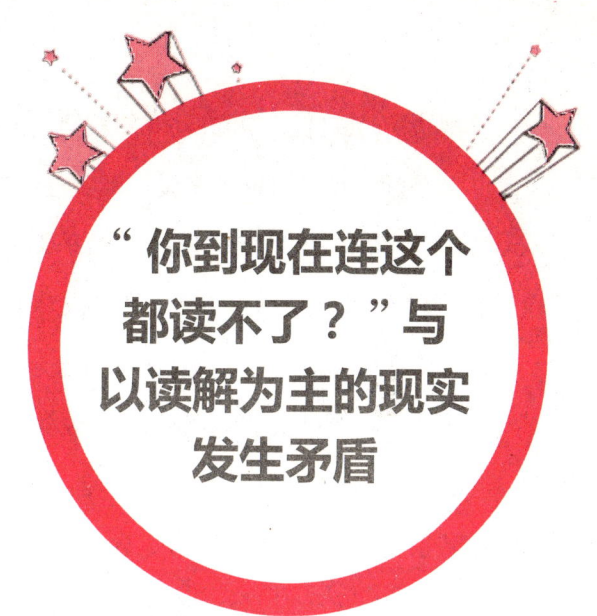

"你到现在连这个都读不了？"与以读解为主的现实发生矛盾

上小学之后，贤镇和我受到了连续的打击。其原因是：**首先，小学生们已经在以准备考试为目的来学习英语；其次，如果我们也像其他人那样做的话，口语练习的这条线就会断掉。**

小学一年级上学期的时候，贤镇看到同班同学在休息时间竟然打开英语书读，吓了一跳。

"我现在还是妈妈给我读呢……"

据贤镇说，同学们看的还不是图画版英语童话书，而是那种有密密麻麻的单词，三四页才会偶尔出现一幅插图的，类似于《哈利·波特》的书。其他孩子看到贤镇在看《灰姑娘》这样的图画版童话书时，都嘲笑她幼稚，说自己"早在幼儿园就把这样的书看完了"。

小学一年级对贤镇来说，确实是一段很痛苦的时期。学校里已经开始考英语单词，贤镇的卷子上几乎都是错误答案，英语成绩在班里是倒数第一。但是，如果我开始教她从未教过的单词和语法的话，只能中断口语训练，正式转为以读解和语法为主的韩国式英语学习方式。我陷入了进退两难的境地，而贤镇的小学第一个学期就这样过去了。

每当得知贤镇因为英语成绩差而被同学们孤立和戏弄的时候，我都特别伤心。我经常以"客座教师"的身份到学校里教孩子们学英语，每当这时，孩子们就会对贤镇说："喂，你妈妈英语那么好，你为什么这么差？"贤镇一直在受伤害，而我也意识到"不能再这样下去了"。

我开始教贤镇目前迫切需要学会的语法，但是开头的过程很艰难。比如，我在教贤镇"过去进行时"的时候，孩子理解不了"过去"和"过去进行时"的差别。教她："He was eating rice."贤镇就会反问："妈妈，不能直接说'He ate rice.'吗？"我解释说："不行，不是'吃过饭'，而是'那个时候正在吃饭'。"即使这样，孩子还是不明白两者有什么区别，疑惑地歪着头看我。

我琢磨了好长时间，最终用了最幼稚的办法。

"贤镇啊，你现在正在做什么呢？现在我在干什么呢？我在吃饭呢！所以后面要加'ing'，发'英'的音！""He was 'eating'！"

就这样用类似于傻瓜一样的语言解释之后，孩子才勉强听明白了，但我却冒出阵阵冷汗。

我开始产生怀疑："我一定要对幼小的孩子解释这样的语法吗？

有这么做的必要吗？在母语完全学会之后，过去时、过去进行时等时态很容易就能理解，非要现在教吗？怎么想怎么不对啊。"

在我取舍不定的同时，为了应对学校的考试，我还是无可奈何地教贤镇学了基础语法。当然，还是像教"ing"的时候一样，基本上用很通俗的语句来解释。

那段时期，周围很多人都责怪说是我的错，也有很多人认为我太与现实社会背道而驰了。家中有和贤镇一般大的孩子的妈妈们也很担心："贤镇妈妈，重视口语是没错，但会不会太专注于这一项了？也得让孩子学语法和读解啊！不准备考试了吗？不读书吗？"

但是，我仍然无法赞同。如果是四五年级就算了，但现在就因为我没有教一个刚上小学的孩子写字和语法，就要受到批判和指责，就要自责吗？

如果我们去看美国小学一年级学生的教科书，不难发现内容非常简单。色彩华丽的图画上，只有几个单词。不要说字母和单词测试了，难度基本上在画线连接大小写字母或看图填色的程度。

在英语是母语的国家，同龄的孩子都还在这样学习，而我们国家的妈妈们，在孩子刚进小学的时候，就开始回想自己的初中时期，开始考虑"现在得抓紧让孩子高强度地学习英语了"。我总是会反问，到底是谁立下了这样的基准？

让小学低年级阶段的学生以读解为主学习英语，让其必须学完小学用语法书，背完小学用基础必备词汇集。为了让孩子们熟悉少儿托业和少儿托福考试，老师会考试要领并进行训练，还会定出所谓的进程

表:一年级要学完什么内容,二年级要看完什么书,三年级少儿托业考试考多少分以上。**那些少数心急的妈妈定下的这种不知所谓的基准,只是针对成绩上游的孩子中的极少数而言,绝不适用于所有孩子。**

这样一来就会造成,不只是私立培训学校,连公立学校的考试水平也越来越高,并且要求的读解水平也提高了很多。

但问题是,孩子们的读解水平逐渐在提高,而口语水平却仍然很低。甚至连口语课都变了质,学校的外教竟然在口语课上教读解,也开始以读解和书写为主教课。

我清楚地记得一位10年前成立了英语培训学校,但在不久前关门歇业的老板的话。他说,以前早期英语教育非常有意思,外教会和孩子们高兴地玩英语游戏,上课都是以特别活动和口语为主。但是,现在的家长们动不动就会追问:"教学计划是怎样的?""用美国的哪种教科书?""怎么测试拼写?"所以,固执地以口语为主上课的这个英语培训学校,学生都走光了,只剩下苍蝇乱飞。不管是10年前还是现在,孩子都是一样的,但妈妈们总是贪心地想把孩子从小就训练成天才。这位老板遗憾地说,妈妈们的过分贪心,早晚会毁了韩国的英语教育。

事实上,在托福考试取消语法、提高口语的比重之后,韩国的托福分数在全世界处于最下游。即使有些不均衡、不正常,但妈妈们还是在追随着这种错误的基准。

"Let's face it!（让我们勇敢地面对吧！）"

有一天，贤镇在学校的英语拼写考试中得了零分，回到家就没好气地对我大喊："妈妈，你不是说只要口语好就行吗？"当时我是这么对她说的："如果说这是我们需要去碰撞的现实，就让我们勇敢地抗争吧！去对抗！对抗之后就会变好的！带着轻松的、愉快的心情去抗争。"

从那时起我们正式开始了"不起贪心，以口语为基础，渐渐扩展字母和单词的'朴炫英牌实用英语'"。

- 单词和语法也能以口语为切入点找到突破口。
- 不要被为极少数孩子设立的标准所左右。

"Spell Out!"
用说话的方式背单词

贤镇最讨厌的就是背单词和写作,但现实是"学校要考单词",所以我也不能一直这样放手下去。我开始教贤镇语法、单词和写作等,但这些几乎都是用"语言训练"来完成的,而且也收到了很好的效果。

其中,对贤镇的学习帮助最大的方法就是,从一年级开始大声背诵单词和拼写,即"Spell Out"法。

比如,在背"apple(苹果)"这个单词的时候,我们并不像其他人那样边在练习册上写边小声念叨,而是让贤镇出声大喊:"a、p、p、l、e"。因为贤镇不习惯背单词拼写,所以总是弄混,把"bury(埋)"写成"bery",也记不住"Wednesday(星期三)"的拼写。我就让她像背九九乘法表似的出声背诵，而不是用手不停地写。

"b、u、r、y，['beri]，埋，bury，bury！"

如果是大声背诵，身体就会记住肌肉的运动。我作为英语老师，同时也是同声翻译员，还经常记不清像"Wednesday""February"等复杂单词的拼写。这时我就会一边重复念叨一边揣摩它的拼写。只用眼睛记忆的话，下次还有可能记不清楚，但如果用嘴巴背诵，就绝对不会再出现这样的情况。

需要注意的是，在"Spell Out"的时候，不能只是平平缓缓地发音，要像念rap一样，合着节拍有节奏地背诵，这样效果才会更显著。比如，背诵"Wednesday"的时候，我就会让贤镇按照音节隔开，像说唱艺人一样有节奏地大喊："Wed / nes / day"。像"juice"这种容易把最后一个元音忘记或者弄混的单词，就把重要部分的声调提高，"jui / ce"这样背。

贤镇开始以"Spell Out"的方法背单词之后，一年级时还很不像话的单词考试，二年级便飞速跟了上来，直接拿到了第一名的好成绩。一旦掌握了出声念rap的要领，贤镇一天竟然能背50个单词。我和贤镇都意识到："哇，这种方法果然很管用啊！"非常兴奋。

美国每年举办的"Spell Bee Contest（英语单词拼写大赛）"也是用嘴说出单词拼写的考试。看了这个比赛的历届优胜者的采访后就会发现，他们全部都是出声背诵而不是边写边背的。从这里也能看出哪种方法才是最有效的。

Spell Out & Read Aloud!（张嘴大喊和大声朗读！）

贤镇不管学什么都是张嘴大喊和大声朗读。看书是出声读，背单词也是出声背。这样做非但没有放弃口语，反而还加强了口语练习。我从没有让贤镇闭上嘴只用眼睛记忆或书写。如果看到孩子想拿起笔写，我就会在旁边阻止她："贤镇啊，不要写。放下笔，先用嘴说，写的事情以后再说。"

其他孩子在幼儿园时期就已经学过的音标，贤镇也是上了小学之后才学习的。稍微有些复合性的音标，比如"bread"的"ea"发"[e]"这个音，这种难度的都是在二年级才学习的。而一年级的时候我只教给她比较简单的，比如"cat"的"c"就是按照"[k][k][k]，[kæt]"的方法发音背诵。音标学到这个程度就完全够用了。

当然，这些单词都不需要写，只用眼睛多看看，用嘴多跟读就可以了。我提倡先尝试发音，再用眼睛记忆、用耳朵听的教育方式。

有些培训学校或少数妈妈，在教孩子学音标的过程中会产生贪念，总想对孩子进行单词测试。但是，不能把音标误认为拼写笔试测验。音标就在音标这里结束就可以了。

为什么要学音标呢？这是因为孩子们在读书的时候需要知道单词的发音。比如，让孩子们知道"p"遇到"h"要发"[f]"的音，而绝不是让他们背所有带这种发音的单词，也不是让他们边写边背。

贤镇的韩语、英语、汉语、日语等所有语言的写字练习，都是从 8 岁才开始的。很多人听了之后都会吓一跳："那意思是说在那之前连字母都不会写吗？"

贤镇是全校学生当中唯一一个上了小学之后才开始学写"A、B、C"的孩子。英语字母是在一年级的时候学写的，而日语假名则是在二年级的时候学写的。

在给贤镇读童话书的时候，我也只是让她用眼睛看，从没有让她边写边背。虽然听说其他孩子都在四五岁或是更早就已经学完了全部英语字母，但就像我前面说过的那样，我认为完全没有必要早早地教孩子学写字。

比如，一年级教科书里有这样一句话："我，你，我们，哲秀啊，走吧。"其他孩子都已经会读了，只有贤镇不会。但是，在口语和听力已经打下扎实的基础之后，开始学习文字时，贤镇的速度快得惊人。

有一次，学校布置的作业是拼写"b、m"和"a、o、e"。当贤镇知道了"b"和"a"放在一起就是"ba"之后，觉得非常神奇。问我："那'm'和'a'放在一起就是'ma'了？Mom？"我高兴地和她击掌道："没错！"孩子马上兴奋地说："啊，这太简单了！"

我让贤镇看着"d""o""g"这3个字母，"[d][ɔ][g], [dɔg]"读给她听，告诉她简单的发音规则，她反倒觉得很不可理解，说："这是我知道的单词啊，我之前竟然不会读？"和她一起看着"cat"这个单词，教她读"[k][æ][t], [kæt]"，孩子便马上明白了："cat？这不就是猫嘛！"虽然其他孩子已经在学读解，贤镇才刚开始学字母和音标，但我们学得很轻松。

从那之后，贤镇学任何单词都是一气呵成。因为贤镇早就知道这些单词的意思，只不过不认识字而已。学每个单词时孩子都会感叹：

"啊，原来是这个意思啊。"很快就记住了。只用了刚好 3 个月的时间，贤镇就彻底掌握了单词的拼读规则，以惊人的速度读了很多书。汉语、日语也都用了这种方法，在学习文字的时候都是加速前进的，读和写方面没有遇到任何困难。

虽然有很多孩子在小学低年级的时候，学习读解和写作的进度就已经超前很多，而贤镇才刚刚开始学习。但和其他孩子不同，即使在学习读解的时候，贤镇也是和口语结合在一起，坚持"先读后写"的原则。

这样做的结果就是，贤镇可以把读过的书中的句子变成自己的话说出来。因为贤镇已经养成了做什么都朗读的习惯，所以反复读过几次的句子自然就能在平常对话中自由运用。

平时我经常会说："It's good.（很好。）"但有一天，贤镇突然自己说："It's gorgeous.（好极了。）"我经常说："I'm not good at it.（我在这方面不擅长。）"她也会自己变成："I'm not expert.（我不是专家。）"还知道"Don't fight.（别打架。）"就是"Let's compromise.（和好吧。）"的意思。我惊讶地问她："哇！贤镇啊，你怎么知道这么难的单词？"她回答我："上次和妈妈一起读的书里有啊。"

多亏了看书的时候大声读出单词，贤镇的词汇量和口语能力才有了大幅度的提高。结果就是贤镇会运用一些高级且又简练的表达方式。

有很多妈妈都说，孩子在大量读书之后，英语实力明显见长了。

这可能指两种情况：一种是孩子在学校的单词考试中成绩很好，妈妈觉得孩子的词汇量增加了；另外一种是完全相反的情况，就是像贤镇这样，在读书时出声朗诵的内容都会灵活运用在日常生活中，能够明显看出词汇量的增加。这是因为阅读和词汇在日常会话中起到了协助的作用。

通常孩子在上小学之后，妈妈就要开始有规律地教他学单词了。这时最好制定出每天的最低学习目标。

那么，每天的最低目标应该是多少个单词呢？

刚开始我给贤镇定的是每天学习10个新单词。因为我是这样想的："如果一天学10个，一个月就能学300个，一年就能……"但现实情况是，贤镇第二天就忘了第一天学过的单词。不过第二天马上复习一遍还是能想起来，但一周过后，70个单词才勉强答上来10个。我这才明白过来："原来这样不行啊。"实际上，每天最多能背几个单词并不重要，重要的是要定下最低目标，每天能真正记住几个单词。而把背过的单词运用在日常会话中才是最终目的。

于是我放弃了每天10个单词的最大目标，定下了每天2个单词的最低目标。即使每天只背2个，第二天也不是直接学习新单词，而是先复习前一天学过的，然后加上新单词一起学习。就这样不停地积累和复习。比如，星期四先复习星期一至星期三学过的单词，然后再教新单词，从不会学过就过去了，马上学习新的。

一天学习2个单词的话，一个月就是60个，三个月过去就会学习180个，这并不是一个可以无视的量。每天学习2个，一个月完全掌握

60个单词也是非常伟大的成功。

在小学一年级的时候,每天背一两个单词就足够了。但一定要做到大声背诵,大声朗读关于这个单词的例句。而且不要每个单词只学一天,而是要每天复习,不断积累。一定要让孩子可以很自然地在口语中运用已经学过的单词,这才是真正的夯实词汇基础。

- 背单词拼写的时候要像念rap似的大声背诵。
- 不要闭嘴用笔写,要张开嘴出声背诵。
- 要想夯实词汇基础,就要定下每天的最低目标,用反复复习、不断积累的方式学习。

在家里给孩子提供一个只属于他的"写字游乐园"

曾经,我所管理的公司的外教们多次被派到小学的课后兴趣班上英语课。所以我每周都会去几次对应的学校,检查上课情况。那时,让我印象深刻的是,孩子们在休息时间到讲台上拿着马克笔在白板上写写画画闹着玩的样子。仔细一想,虽然孩子们不喜欢在练习本上写字,但不知为什么,他们好像觉得在讲台上用马克笔乱写乱画是一种游戏。

于是我组织英语社团的妈妈们做了个实验。实验分两组:一组是像培训学校一样让孩子在练习本上将每个单词写5遍;另一组是让孩子站在白板前,在图画旁边写单词。所有妈妈都对我说了同样的话:"孩子一抓起马克笔就不想放手。"

很久以前,我们家就准备了一个像画架一样的白板和一支马克笔。这对贤镇来说就是"写字游乐园"。

所以,让我们买来壁挂式或画架式的白板,给孩子创造一个"写字游乐园"吧!就算是再讨厌写字的孩子,都喜欢在白板上写写画画,这会成为引导孩子练习写字的第一步。

所有孩子几乎都一样。对于小学低年级的孩子来说,谁都不可能真正喜欢在练习本上照着四线格把一个单词写5遍。

让孩子先在白板上画一只小狗,然后再像画画儿一样画出"d、o、g"。如果用这种方法的话,孩子们就会觉得是在做游戏,因为亲自画过画儿,他们也会更加牢记这个单词。这时,出声背诵拼写也是很重要的。让孩子像做游戏一样写字,有节奏感地背诵每个单词的拼写吧!

学习语法而非文法，让孩子习惯于"Talking Grammar"

我从学生时代起就非常讨厌数学，也学不好数学。我一直想不明白为什么要学数学，烦恼得直抓头发，最后直接放弃了。我到现在仍对算术头疼不已，丈夫对我说，不管多讨厌，至少加减乘除运算是生活中所必需的"生存数学"。因为在买东西或计算税金的时候，如果不会这些的话，就会有很大的障碍。

如果说生活中有"生存数学"，那么语言中也有"生存语法"。要想在实际生活中正确地表达自己的意思，就必须要知道语法。作为想使用英语交流的人，在日常生活中说话的时候，至少要知道最小限度的语法，这便是真正的"语法"，即"Talking Grammar"。

贤镇经常搞不清楚在"do"或"does"后应该加动词原形这个问题。比如,"Does he go there?"这句话,在"does"后面应该加原型"go",但贤镇经常不是加"go",而是加"going",着实乱套了一阵儿。

是因为没有学习语法吗？当然不是,而是口语和语法习惯没有紧密结合在一起。语言是一种习惯。等孩子长大以后,只要努力学习3个月左右,不出什么差错的话,都可以掌握语法理论。但即使是脑子里都学会的东西,真正要用嘴说出来的时候,仍然会经常犯错。所以并不是语法学得不够,而是需要训练"说话的方法"。

我一开始曾翻看过市面上的一些初级语法书,很多书插有不少图片,甚至全部都是漫画。我原本期待这些漫画形式的语法书会配有很简单的说明文字,但实际上,这些漫画无一例外只是把初高中生或成人看的英语语法用语和内容放在漫画的对话框里而已,还是非常晦涩。"助动词,be动词,否定句",用这样的语言教孩子学语法实在是太难了,所以我放弃了照书教语法的念头。

我大概看了一下哪些语法是贤镇在学校一定会学到的,基本上是"be going to"这种程度。其实,贤镇一直都能很轻易地将这类语法用于日常的口语练习中。所以我就想,我不应该用专用语艰涩地解释给贤镇听,而应该让她多练习说,让她自己意识到："这是我本来就会说的话啊！"这才是最重要的。

我从贤镇小学一年级开始让她练习最基础的语法。我买来很简单的小学生用语法书,自己先看,然后只用语言让贤镇练习,不让她看书。比如,在学习"be动词"的时候,我只把"I am"后跟着的单词不断变化让她练习。"I am mommy.（我是妈妈。）""I am pretty.（我很可爱。）"然后第二天只练习"You are"，第三天只练习"He is"……就这样，连续两周几乎只练习了说"be 动词"。

小学一年级教科书中每一课的每一句话，我都让贤镇不停变换名词去练习，每句话至少练习一周。第一周每天练习"will"，第二周就每天练习"will not"的缩略形式"won't"，第三周是"can"，第四周是"can not"……我绝不用语法书教贤镇，而完全是通过日常会话反复练习口语的方法训练她。

虽然这是一个极漫长的过程，会花费相当长的时间，但我已经下定决心要花3年时间教贤镇语法，所以教科书中的每一课我都会分10次来教。我并不追求语法学习的进度，我的目标是让贤镇把语法中重要的模板句型、主要句式不停地朗诵出来，直到完全成为她自己的语言为止。

每天把模板句型朗诵10遍，一周就是70遍，这句话自然会刻在大脑里，说话的时候也不会再犯语法上的错误。因为语法已经成为了习惯。这种训练每天都在进行，一直持续到贤镇上小学三年级才结束。现在所有人看到贤镇说英语的视频，都会发出同样的感叹："怎么连语法都能说得这么完美呢？"这真的是多亏了几年如一日的坚持训练。

如今，各种英语培训学校都开设有三个月课程、假期课程、一个月课程等多种短期英语语法培训班。有很多妈妈都在孩子小学四年级的时候把孩子送去学习，而有的孩子在二三年级就开始接受这种培训了。但是，英语的语法规则是绝不可能在两三个月内就全部掌握的。这种只用眼睛记住的语法也许在短时期内还会运用，但没有用嘴巴练习过的孩子，总是会在细节上不断出现失误，说出错误的句子。其实，只要不把在考试中得高分作为目标，而是把口语当成最终目的去学习"说话的方法"，就不会出现这样的情况。

　　说话的习惯会伴随孩子一生。所以，妈妈不懂高难度的语法也没关系，但一定要从8岁左右开始，每天训练孩子把口语中必需的简单语法用语言说出来，从而让孩子养成习惯。其实九九乘法表在孩子们上四年级的时候再背也不晚，之所以从一年级就开始背诵，就是因为孩子在这个时期大脑的记忆力是最强的。所以，让语法变成说话习惯的练习，在小学低年级时进行是最有效果的。

- 不要为了读解学习语法，要通过朗诵口语把语法升华成习惯。
- 语法是用嘴巴说的记忆习惯。一定要坚持每天复习。

不要无视学校教科书中的基础句型

有很多妈妈会无视孩子在小学阶段学习的英语课程，总觉得学校教的英语"对我家孩子来说太简单了""我家孩子在幼儿园都学完了"，所以不用再学习了。她们认为，一定得把孩子送到培训学校里额外学习更有难度的东西。

这是一种莫大的错觉。学校教的英语课程也是有其在会话方面的教学计划的。在课堂上学习的一些基本的、多少有些语法性质的句子，在日常生活中说话的时候非常需要。比如，"走吧。""学习吧。""几点了？"这些都是孩子们在用英语对话时非常必要的、相当于骨骼的句子，是跟随孩子终生的基础语法，一定得在小学低年级时牢牢掌握。因为只有在低年级的时候张嘴练习这些基础句型，才能搭建起英语口语的基础。妈妈一定要和孩子一起，每天在家里像对话似的反复练习"will""can"和"can't""don't"，以及疑问句等教科书里的会话句型。只练习这些也能让孩子说一口流利的英语。

把书中的表达方式变成"自己的话"

贤镇学会认字之后，就渐渐地开始读一些相对于幼儿园时期的书来说比较厚的书，比如，有情节的故事书、原创童话等。我还让贤镇看了很多像"迪士尼""史努比"等系列图书，这样的书不是一本一个故事，而是每本书的故事都能连贯起来。

如果说读书是向大脑"输入"知识的话，那么读多少就能用嘴说出多少就是所谓的"输出"了。一旦成功输出，英语就算是被彻底征服了。但是，韩国的英语教育只停留在读的阶段，其结果就是做不到输出。

如果想让孩子自发地学习，并且能说出有创意的句子，就必须摆脱到幼儿园时期为止采用的让孩子模仿简单句子的模式，让孩子学会把书上的好句子和好的表达方式变成"自己的话"说出来。就是说，一定要做到输出，做到能运用自如。

理论表明，人能记住耳朵听到的 30% 的内容，而自己说过的话却能记住 70%。贤镇一直坚持每天朗诵或大声说话 10 分钟。唱童谣、背单词、读童话书……这都是为了输出所做的练习。即使是听 CD 也不是只听，我从不忘记让她再用嘴说出来。韩语书也一直坚持朗读的习惯。

因为我一直让贤镇大声读书，所以每当碰到新单词或新语法，她都能很快变成自己的语言。在某本书上出现这么一个句型："You don't have to..."当时我并没有给她解释语法，只是用韩语告诉她一遍意思："不需要做……"贤镇自己反复张嘴练习了几次之后，便能很自然地对我说："Mom, you don't have to clean my bag."

让贤镇在读书的时候把书中的表达方式完全吸收并输出的重要秘诀如下。

所有答案都在字里行间!

读书时很重要的一点就是，不要停留在妈妈给孩子读书或孩子自己读书的阶段，妈妈要和孩子一起，以书中的内容为基础进行问答练习。

每当贤镇读完一本书之后，我都会根据"六何原则"（何人、何时、何地、何事、何因、何果）提出问题，每本书一共提 6 个问题。这种方式可以让孩子再次回想书的内容，也可以进行比幼儿园时期范围更广的对话。现今出版的童话书，通常在结尾处都会体贴地附上帮助孩子理解内容的问题和答案，如果能积极利用就最好不过了。

所有问题和答案都在书的字里行间。我经常会提出有答案的问题，训练孩子自己找答案的能力。

给孩子提问的机会

有一天贤镇对我说："妈妈，我能回答问题，但是提不出问题。我已经能很熟练地回答妈妈提出的问题了，我也想试着提问。"

我说就："好啊，那你来试着提问妈妈吧！"

"Why...Why Cinderella go...?" 贤镇吞吞吐吐地说不出一句完整的话。

我纠正道："No! 应该说'Why did Cinderella go to the party?'"孩子点点头说："哦，对啊。"孩子虽然能听懂，但却说不出来。

我仔细想想才发现，不知从什么时候起，贤镇变成了一个只能熟练回答问题的孩子。我估计其他孩子也会出现相似的情况——即使很会找到问题的答案，但一旦让他"试着对妈妈提问"，就会卡壳。在说疑问句的时候，语法上也会混淆，还不知道该提什么问题。这都怪我一直过分强求孩子的答案，却没有训练孩子主动提问的能力。所以孩子才不习惯提问。

哎呀！这可是要出大问题的呀！为什么只能是孩子回答问题呢？我从那时开始，变换了我和贤镇的角色，开始训练她的提问能力。

  自从让贤镇开始提问后，学完一本书的时间就更长了。贤镇在说疑问句的时候总是忘记说"did"，把"Where DiD fairy mother"说成"Where...Where...fairy mother..."单单纠正她这个错误就花了三四个月的时间。

  妈妈们在教孩子英语的时候，经常会出现只偏重一个方面的情况。比如，不让孩子提问只让其回答、只重视读解学习而忽视其他课题等。但是，语言学一定要经历所有方面的学习，要时刻保证能做到"vice versa（反之亦然）"。如果拿弹钢琴来打比方，就和6个月内单单训练右手，然后想用左手弹却不会弹是一个道理。现在韩国大部分英语培训学校都只是外教单方面提问题，孩子们几乎没有提问的机会。

  不仅让孩子回答问题，也反过来让孩子提问，这是贤镇上小学以来使用过的最重要的读书方法。

大声练习"断句"

如果让小学生朗读英语课文,他们十有八九会"呜呜啦啦"地用不明确的发音着急往下读。这是因为他们都有"想证明我会读"的心理。因为嘴巴跟不上眼睛前进的速度,就开始嫌麻烦,想尽快读完,所以从嘴里发出的声音就会"呜呜啦啦"的,越是往后就越想只用眼睛读。

因为大部分孩子没有接受过阅读训练,所以在朗读的时候就会出现发音不准确或嘴张得太小的情况。特别是孩子们不会"断句",读到中间就会失去节奏感,读得喘不过气来。

贤镇一开始也觉得断句很难,所以书中的句子需要断音的地方,我都标上了红色的记号。我一边听CD,一边在需要断句的地方做上标记,根据这些标记和孩子一起大声朗读。

这样练习一段时间过后,贤镇就对哪里该断句有了感觉。在读书的时候,就能做到自己在合适的地方断句,即使读很长的句子也不会像以前一样喘不过气来。

选出孩子喜欢的"感人句子",大声背诵

通常上小学之后,妈妈对孩子的期待就会变大,希望他读完一本书就能很顺利地背下来。但是,不管三七二十一全部背诵并不是上策,最好是把重要的表达方式和关键句型作为一个整体大声地、反复地朗诵,直到全部变成孩子自己的话挂在嘴边为止。

有很多人主张小学生要多读书。但是,在早期英语教育课程中,

小学低年级孩子一味多读书并不重要，同一本书反复阅读，把书的内容完全变成自己的知识才是最重要的。对于已经掌握大量词汇的高年级孩子来说，多读书是值得推荐的，但并不鼓励低年级的孩子这样做。这是因为，虽然低年级的孩子能快速记忆单词，但也会快速忘记。所以，在这个时期，一定要把同一本书反复读几遍，练习加快速度阅读；每页挑出一个经常出现的重要句型，反复大声朗读；还要和妈妈一起多做几次角色扮演游戏。

我会问贤镇："在这页中给你印象最深的是哪一句话？"然后让她在那句话上画圈儿。这样就能让孩子再次回想书的内容和句子。比如，《白雪公主》在"Kiss me.（吻我。）"这句话上画了圈儿，《灰姑娘》则选了"It doesn't fit me.（不适合我。）"当然，有时候孩子选择的句子会有些幼稚，但至少他可以把这个句子完全变成自己的话。

我还会把贤镇一周学习的句子都写在便签纸上，然后贴到童话书上。这样做能帮助孩子产生成就感："这本童话书里的这些句子我都拿下了。"

贤镇一年级的时候读过一本叫做《黄牛和青蛙》的童话书，书中有一个青蛙使劲儿鼓起肚子的场景，并且青蛙还说了一句话："Is he as big as me?（他有我这么大吗？）"贤镇觉得这句话让她印象最深刻，便画了圈儿。当时贤镇只是会说"as + 形容词 +as"这个句型，我从来没有给她解释过这个语法，但她还是很奇妙地把它变成了自己的话。贤镇还说，青蛙妈妈因为肚子"砰"的一声爆裂而死的情节太伤感了，就把"Mom's tummy burst.（妈妈的肚子爆裂了。）"这句话背了下来。孩子在读书的时候经常会有被感动的一幕，这时妈妈要做的就是让孩子把相应的句子背下来。

让我们来培养孩子在读书的时候挑选自己觉得"感人的句子"去背诵的习惯吧! 这种方法会让孩子因为喜欢而主动学习,也能让孩子产生从这本书中获得了自己想要的东西的成就感。

英语童话书就不用说了,至于汉语童话书和日语童话书,我也是让贤镇采用这种方式阅读的。贤镇在小学低年级阶段读了很多不同语种的童话书,而日语书和汉语书我甚至会亲自从东京或上海买回当地幼儿园水平的书给贤镇看。

自从贤镇升入三年级后,她的英语实力就开始渐渐显露了。这是因为贤镇会灵活运用读过的书中的句子,能很流畅地把自己的想法用英语说出来。贤镇在三年级的时候,语言能力突飞猛进,生气的时候会用英语、汉语、日语三种语言来表达。当然,贤镇一开始在日常生活中说出的句子都不难。有一天,贤镇很自然地对我说:"Mom, I'm tired.(妈妈,我好累。)"我从心底感到高兴。其他妈妈听到我这句话也许会嘲

笑说："切，我家孩子已经能做'I'm exhausted.（我很疲惫。）'这种程度的读解了呢。"但是，不管是多简单的句子，我是真心"狂热"于孩子张口说英语这件事，"狂热"于孩子能够用嘴输出知识这个事实。

- 要让孩子通过读书做到输出知识。
- 一定要让孩子把读过的东西再张口多说几遍。

即使不出国，也能通过电话英语取得效果

贤镇从小学一年级开始练习电话英语、电话汉语和电话日语。即使是用"妈妈牌英语"的方式教孩子学英语，也最好能有一个和孩子一对一练习对话的原语民伙伴，可以测试一下孩子和妈妈以外的人说话时的会话能力。即使我没有送贤镇到昂贵的培训学校或出国留学，但却通过电话英语取得了切切实实的效果。

我一直坚信，重要的不是去海外研修，而是在国内每天说多少那个国家的语言。英语、汉语、日语，每种语言每周进行一两次，每次5~10分钟，孩子比我想象中的还要开心。即使是简单的句子，孩子也会努力调动自己所学的全部知识，反复练习。因为是原语民为孩子做一对一的针对性教育，所以效果非常显著。特别是用这种方式还能矫正发音，纠正韩国式的表达方式，贤镇的口语实力提高很快。

自从托福考试和托业考试的口语比重有所增加后，初高中学校的内测成绩也开始反映英语口语分数。在这种情况下，电话英语的长处就是，能让没有出国留学或进修的学生也可以和原语民进行对话。

充满激情的、有韵律感的"大嘴巴英语"

即使孩子已经可以自己读英语童话书了,但妈妈和孩子一起读的时间也很重要。

大声朗读的时候一定要是开心的、跃动的。上小学之后,不管是孩子还是妈妈,都因为要学习功课了,而开始平淡无味地读童话书。其实,只有带着节奏感、像是在演话剧似的开心地阅读,孩子才能一直享受这段愉悦的时间。

在小学低年级阶段,读童话书的数量并不重要,重要的是要把同一本书反复多读几遍。如果想彻底"搞定"一本书,至少要读10遍。但如果只用单一的声调毫无趣味地埋头读下去,孩子就会对读书产生厌倦感，即使只重复一次也会失去兴趣。

  在读书的过程中，遇到内容上有戏剧性变化的部分一定要变换声调，在句子中加入节奏感，时刻保持张大嘴朗读的习惯。

给孩子创造"口语舞台"

  我在家里准备了一个以贤镇为"人气主角"的舞台——"hot seat"。我一说"Sit on the hot seat.(坐到主角的位置上。)"贤镇就会马上站在舞台上，又当主角又当主持人。我就会拿着玩具话筒靠近贤镇，像采访女主角一样问她："So, why did 'Toby Cinderella' go there?"像这样，我经常在书中的主角名字前面加上贤镇的英语名对她提问。

  贤镇和我说的时候很熟练，但如果在好几个人面前她就会闭嘴不语。所以从贤镇 8 岁开始，我就像做游戏一样训练她在舞台上说话。在

奶奶和爸爸面前吟诵前一天读过的书中的台词，还像演话剧一样加入相应的动作。贤镇适应了这种方式之后，只要一站在舞台上，声音也会变大，那姿势就像是要演讲一般。

把孩子训练成"舞台型"，对孩子的口语非常有帮助，甚至会让孩子受益终生。虽然你有可能会说："我又不是要让我家孩子长大之后上电视主持节目，有必要这样吗？"但不管孩子将来从事何种职业，越能习惯性地大声说英语，其表达能力就越强。这样一来，初中或高中的英语口语考试、英语演讲比赛、英语话剧就不用说了，参加工作之后在公司作报告也能充分发挥演讲实力。

妈妈最晚要在小学一年级开始训练孩子的胆量，这样到了三四年级的时候，才能打好"公开演讲"的底子。

要像比赛或玩游戏一样读书

在贤镇会认字之后，我和她便从小学一年级的寒假开始利用短篇童话书进行阅读比赛。

比赛方式有很多种，比如，谁先记住一段有趣的话；谁先记住既定的某部分内容；谁最能把引号中的台词说得既生动又形象；听一遍CD之后谁模仿的最像；把文章分成3行一部分，谁最先背下来，等等。如果我做出没背下来的样子，贤镇还会抢先回答。

我从来不会只给贤镇读一遍或只让她听CD就撒手不管，而是每本书都以比赛的形式读完，让她通过竞争从而带着活力和自信去接触英语。即使教贤镇读解，我也是尽最大努力让她牢记书中的句子，从而变成自己的话。说实话，这样做的话就有可能比其他人的速度慢。如果像培训学校或别的妈妈那样，让孩子像背化学符号似的一味背诵，我也许会更轻松。但是我相信，就算进度比较慢，只要能让孩子养成愉快背诵的习惯，他就会渐渐产生竞争意识。相当于妈妈赋予孩子一个学英语的明确动机，他也就会自发练习了。

妈妈不要插手，让孩子亲自口述童话

有些妈妈为了给孩子读英语童话书，各处学习口述童话的技巧和方法。当然，如果妈妈有意识地运用抑扬顿挫的不同语调，再加入动作读给孩子听，一定能让孩子集中注意力。但是，妈妈们要注意一点，真正需要练习口述童话的不是妈妈。

很明显，在妈妈绘声绘色的表述下，孩子只会浑浑噩噩地盯着妈妈看，而妈妈单方面投入地表演口述童话，很有可能只是单纯的自我满足。这样做的话，英语口语实力有所提高的只能是妈妈而不是孩子。

在口述童话的过程中，妈妈几乎能把一本书全部背下来，也许会觉得很欣慰，但我要说的是，这件事不应该是妈妈来做。**真正需要张口说话、需要口述童话的是孩子。**

我一直坚持让贤镇亲自口述童话，但我并不是单方面命令她去这样做。从贤镇很小的时候开始，我在给她读短篇童话书的时候就会引导她："妈妈已经读了一遍了，贤镇也来读一遍吧。""今天贤镇来扮演灰姑娘吧。""妈妈来读旁白，贤镇来读引号里的句子吧。"像这样分配出各自负责的部分，轮换着练习。

就这样，孩子的参与度越来越高了。我逐渐减少自己说话的次数，给孩子提供更多说话的机会。一开始，我会先全部读完，给孩子做一个引导作用，然后让孩子吟诵自己觉得有意思的地方；或者是先让孩子只读引号里主角说的话，过段时间再让其负责引号里的所有句子。就这样慢慢扩大范围，直到孩子能把整本书口述出来。虽然刚开始孩子会不想练习，要求妈妈"全部读给我听。"但我会引导和鼓励孩子尝试着说说自己觉得有趣的地方。每一天都像是在和孩子表演音乐剧或话剧。

最后，我会根据"六何原则"针对书的内容和贤镇一起练习提问和回答。"When did she go?（她什么时候走的？）""Where did she go?（她去哪里了？）""How did she go?（她怎么去的？）"如果我问贤镇："How did you feel?（你有什么感觉？）"贤镇就能自由地表达自己的感觉："I'm sad.（我很难过。）"或"I don't like Cinderella's mom.（我不喜欢灰姑娘的妈妈。）"

有一次，在读完《灰姑娘》的故事之后，贤镇竟然很离谱地对我说："Mom, don't divorce.（妈妈，不要离婚。）"她的意思是，害怕自己像灰姑娘一样会受到继母的虐待，为了不让继母出现，所以让我不要离婚。即使这样我还是鼓励她说："哦哦！这就是今天的主题，真棒！"

因为贤镇从小就是按照这种方式，把角色游戏和舞台游戏当作平日的训练，所以她到现在说话都很像话剧演员。不久前贤镇获得了英语演讲比赛特等奖。演讲的时候，贤镇在舞台上一人饰七角，根据每个角色的不同自由变换声音。观众都称赞她说："可以当配音演员了"。说实话，这种演讲对于贤镇来说易如反掌，因为这都是她在日常生活中经常练习的。

在英语口语方面，即使有"公主病""王子病"也没关系

我20多岁的时候，在电视台里的外号是"夸张女孩"。30岁之后就变成了"夸张夫人""夸张阿姨"。而现在我又成为了"夸张妈妈"。

贤镇在"hot seat"上练习口语的时候，我总是会非常夸张地加入一些助兴词，别人看了肯定以为我是个吹牛妈妈。"哇，我们贤镇的发音真是绝了！你比原语民还强呢！比奥巴马总统的发音都标准！"

即使孩子的发音实际上距原语民发音还有一段距离，但如果妈妈这样表扬孩子，孩子就会想说得更好，从而更热情、更主动地练习，发音就会逐渐接近于标准发音。

贤镇参加英语演讲比赛的时候，在预选赛结果还没有公布之前，我就会鼓励她说："呀！贤镇肯定能拿特等奖！无与伦比！妈妈今天请你吃好吃的吧！"然后再不着痕迹地纠正她说："特等奖肯定是你的。

不过如果这个地方再说得好一些,真的就是超级特等奖了!"贤镇听了这些话之后,就会再练习多说几遍。而贤镇也确实席卷了多次英语演讲比赛的特等奖。

也许从某种角度来看,贤镇在口语方面自信到有"公主病"。不过,至少在英语口语方面,我建议让孩子养成"公主病""王子病"。因为这证明孩子对自己有信心。

- 要运用话剧游戏、角色游戏、舞台练习、口述童话、阅读比赛等多样的方法。
- 努力让孩子喜欢上在舞台上说英语的感觉。

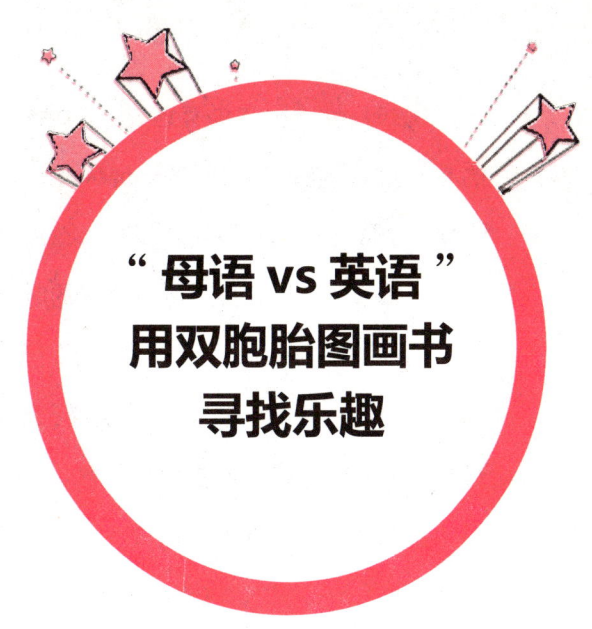

"母语 vs 英语"用双胞胎图画书寻找乐趣

通过阅读以母语、英语双语版本出版的双胞胎图画书,贤镇的阅读能力得到了很大的提高。市面上有很多这样的双胞胎图画书,图画和页码一模一样,只有其中的文字是分别用韩语和英语两种语言表示的。我给贤镇买了各种各样的双胞胎图画书,比如《大豆姑娘和红豆姑娘》《少女沈青》等传统童话、《灰姑娘》等外国童话、《伊索寓言》系列、生活童话书等。

孩子高高兴兴地读完母语版本之后,再拿来完全相同的英语版本,不需要我解释,她自己也能马上理解意思并开心地读起来。比她一边读我一边为她解释的速度更快,效果更好。

比如，母语版本里有这样一句话："他去世了。"那么英语版本的相同位置就会出现："He passed away."不需要我把"pass away"当作一个固定短语解释给贤镇听，她也能马上明白是"去世"的意思。之后，如果贤镇读其他英语童话书的时候再看到"He passed away."这句话，也会因为是自己琢磨明白的固定短语，而能很快想起来是什么意思。如果在读英语版本的时候遇到不认识的单词，贤镇也会自己在母语版本里面寻找，很快就能理解："哦，disguise 就是假扮啊。"

我们还运用双胞胎图画书做了很多角色游戏。但妈妈们也不能因为有了双胞胎图画书就松懈，以为孩子能自己看着学。因为根据妈妈讲得是否有趣、是否合孩子心意，孩子接受知识的态度也不同。

在读双胞胎图画书的时候，最终帮到大忙的还是母语的力量。母语书读得越多，孩子就能学会越多英语单词和固定短语。

在坊间流传着一种叫做"英语投入教育"的说法，即无论如何都要让孩子读英语书和美国教科书。但在小学低年级阶段，绝对不能用美国教科书等资料进行投入式读解学习。在这个时候，绝对重要的是母语实力而不是英语投入学习法。

比如，江南地区的孩子都是从小学一年级开始用美国科学教科书学习，但这些书上的词汇对于韩国的一年级孩子来说太难了。书中会出现像"habitat（栖息地）"这样高难度的单词，还会讲解什么是hibernation（冬眠）、子叶会变成什么、水蒸气变成云彩等一些和科学知识相关的词汇。如果说韩国孩子能够用英语解释这些高难度的专业词汇，那真是天方夜谭。先用母语充分学习科学知识之后，再看这些书也为时不晚。

其实我有时也会耳根子软，曾试图用其他妈妈推荐的美国教科书来教贤镇。但是，我很快就意识到这样不行。如果不先在母语环境下练好母语，英语绝对不可能说得很完美。

现在的孩子们，因为要在英语培训学校里学习高难度的英语，所以在还没有读过多少母语书的情况下就先接触了英语。都说这样一来英语就能像母语一样自然习得，而实际上孩子的理解程度还差得很远。比如，教一个还不知道"首都"为何的小孩子学"capital"，是非常困难的，也是不符合正常认知顺序的。

从小学四年级开始，英语会突然提高难度，所以在低年级阶段母语学得不好的孩子，随着年级的升高，不利因素就会越来越明显。所以我用双胞胎图画书代替美国教科书，反而更多地让贤镇看母语书。我给贤镇挑的都是像一般童话、科学插图童话等既简单又有趣的母语书。

因为我知道,如果孩子的母语基础不扎实,在读英语书时就会经常遇到卡壳的情况。也许听起来像是歪理邪说,但为了学好英语,一定要先让孩子学好母语,多读母语书。

- 读韩英双语版本的双胞胎图画书会提高孩子的理解力和阅读兴趣。
- 为了学好英语,要让孩子从小学低年级开始充分阅读母语书。

只要投入到"声音的海洋"就可以?

在所谓"英语投入教育"的说法中,有一种被称为"声音环境"的理论,意思是让孩子投入到英语的声音海洋里去。这种说法主张,即使孩子有很多不认识的单词,不能全部听懂,但只要把 CD 或者 DVD 每天放上几个小时,让孩子沉浸在英语的声音中,总有一天会听懂。

我也认为必须要让孩子多听英语的声音,但投入教育式的"声音的海洋"这种说法,和我的想法完全相反。如果孩子在第一次见到一个生词的时候,没有弄懂意思就跳过了,那么再听多少遍这个单词,孩子也还是不知道它的意思。

只有在孩子已经知道这个声音是什么意思的情况下,听过多次之后和这个单词的距离才会拉近。只有和妈妈在读书过程中已经充分理解和熟悉的 CD 的声音,孩子听了才会有效果。如果妈妈胡乱抓一盘陌生的 CD 让孩子从头开始听,那么孩子只是坠入声音的海洋,而不会有自然听懂的那一天。

看 DVD 也一样。即使贤镇上了小学之后,我还是让她看比她年龄水平低很多的简单节目。一边开心地看短篇动画片,例如 *Clifford*(《克利福德》)或 *Tora! Tora!*(《虎!虎!》),一边练习动画片里出现的有趣的句子或反复听到的简单

的句子，有时还会和我一起表演。虽然是比她年龄水平低的DVD，但通过简单的语法，孩子就可以充分掌握最重要、最基本的句子，对孩子的学习有很大帮助。

其实最危险的情况就是，孩子在一个小时之内只专注于画面，被画面迷住。如果只用眼睛看，DVD中出现的几百句话孩子根本无法吸收成自己的语言并说出口。如果让孩子以这样的形式看DVD，还不如在这段时间里干点儿别的事。完全听不懂的CD的声音，让孩子每天听几个小时都没有用。同样的道理，DVD如果是只看画面，声音听一遍就过去的话，也是没有任何效果的。

一味地看或听高难度的DVD或CD并不好。在小学低年级阶段，妈妈应慢慢地夯实孩子的词汇基础，这样的话孩子升入四年级时就会听懂大部分单词，这个时候再看DVD，就能乐在其中了。

如果妈妈沉不住气，迫不及待地让孩子看难度较高的小学生用DVD，那么孩子在看的时候绝对不是边听边看，而是把注意力全部放在了画面上而已。

英语词典,要选择图画版的

    有很多妈妈在孩子上小学一年级时就把英韩词典塞到孩子手中,但我送到贤镇手上的并不是英韩词典,而是图画英语词典。还有些妈妈从小学一年级就开始教孩子查词典的方法,但这个年龄的孩子还分不太清元音和辅音,等长大一些再学也不晚。

    近来,有很多妈妈在孩子上小学之前就开始教他查韩语词典的方法,而英语词典则是在小学一年级就开始,上过英语幼儿园的孩子会更早学习。

    妈妈从小就教孩子查词典的优点是,孩子会养成自主查找自己不认识的单词的习惯。孩子在学习的过程中,一旦出现不认识的单词就请教妈妈的习惯很不好。所以，从小让孩子养成自己查词典学习不认识的单词的习惯很重要。然而，最重要的是选择什么样的词典。

我当时给贤镇用的不是那种只有文字的英语词典，而是图画英语词典。如果让孩子看图画英语词典，孩子就会通过图画把单词的意思鲜明地刻在大脑里。所以，我在贤镇4岁左右的时候，就开始让她看"宝贝图画英语词典"。

在图画英语词典中，有的按照年龄分等级，比如0~3岁、3~6岁、6~8岁等，有的则按照阶段分等级。如果妈妈能够灵活运用，孩子就能感受到查找的乐趣，还能帮助孩子将图画和声音关联起来记忆。妈妈不要让孩子只停留在学习单词意思的层面上，要给孩子读一遍，让他听到相应单词的声音很重要。

所以，在贤镇婴幼儿和幼儿园时期，如果遇到她不认识的单词，我就会从图画词典里找出来，并指着对应的图画对她说："Bear! This is Bear!（熊！这是熊！）"

比如，在给贤镇读童话书的时候出现这样一句话："There are three bears in the forest.（森林里有3只熊。）"如果她不认识"forest（森林）"这个单词，我就会打开图画英语词典，顺着f行念叨着"['fɔ] ['fɔ] ['fɔ] ['fɔ]……"一直往下找这个单词。这样做的目的是让贤镇亲眼看到我查词典的过程。等找到之后，就指给贤镇看，用完整的话对她说："Look at this 'forest'!"（看，"森林"在这儿！）然后用母语把图画解释给贤镇听："就是树林的意思。在树林里有树……"虽然这样做的话，孩子只能以图画和声音的形式记得在这本图画词典里的某个地方有"forest"这个词，但在婴幼儿和幼儿园时期，这种程度就足够了。主要是让孩子慢慢养成遇到不认识的单词查词典的习惯。

像类似"hibernate（冬眠）"这样的单词，虽然小孩子记起来会比较困难，但一边让他看图画一遍解释给他听的话，他就会觉得很有趣。在这个单词旁边，附着动物蜷曲着身体睡觉的图画。我就一边指着这幅图，一边用母语给贤镇解释："熊和狐狸到了冬天，就会吃得饱饱的，钻进洞穴里一直蜷曲着身子睡觉。"如果再问她："熊在冬天蜷缩着身体睡在温暖的地方是指什么？"贤镇就能马上回答："Hibernate."而相关的解释文字则只是让她看个大概。我并没有因为单词复杂就让贤镇背拼写，而是和她一起看图画词典，用声音和图画让她记住单词的意思。

我就是按照这种方式，利用图画英语词典和孩子高高兴兴地练习对话的。我还把图画词典中出现的图画和家里的物品联系了起来。看到"lamp（灯）"这个单词，我就会摸着房间里的电灯开关，一边说："Turn on the lamp!（打开灯！）"一边让孩子试着去开灯。我努力与现实结合起来，让孩子觉得图画词典中的图画就像是能蹦出来一样。

在灵活运用图画英语词典的时候，我也会先用母语充分解释给贤镇听。比如，词典上出现"lighthouse（灯塔）"这个词，因为只看图画的话孩子无法正确理解，我就会用母语给她解释灯塔的意思和作用。

事实上，妈妈最好在孩子上小学之前就让他养成这样的习惯——虽然不知道单词的意思，但却能通过看图画来认知。在幼儿园时期，孩子开始和妈妈一起读书，也会沉浸于精彩纷呈的故事情节中。这个时候最重要的就是，一旦出现孩子不认识的单词，妈妈要马上打开图画词典，培养孩子查词典的习惯。

　　从贤镇上小学一年级学完字母之后，我就开始指导她独立查英语词典。妈妈不可能永远喂孩子吃饭，所以孩子得学会自己吃饭。这也是我培养贤镇自主学习能力的第一步。虽然在这之前都是我快速查找，贤镇在旁边看，但从现在开始，即使会花费更长时间，我也要让贤镇自己根据字母找出单词，大声朗读，看着图画学习词义。

　　学校考试范围内的单词，我也是让贤镇边看图画英语词典里的图画边记忆单词的意思。比如"manner（礼貌）"这个词，我会让贤镇看着图画词典里对应的图片，给她解释："如果在餐桌上很没礼貌地乱闹的话，就是毫无风度！"虽然贤镇在学校也学习英语，但在家里，我的方式就是借助英语词典用语言"Speak Out"。

　　如果一开始就让孩子学查全是文字没有图画的词典，会是什么效果呢？市面上现有的这些小学生词典，几乎都是把成人词典的字号变大

而已。妈妈仅凭孩子已经学完字母和音标，就从幼儿园或小学一年级开始逼着他按照元音和辅音查词典，这种做法太过勉强了。

当然，有很多妈妈自豪地称自己的孩子很会查词典。在各种育儿网站上，也有妈妈上传这样的文字："我家孩子已经习惯查英语词典了。"那些声称必须让孩子擅长查词典的种种说法，被妈妈们当作既定模式相互传播。但是，能够熟练地用英语词典查单词的孩子其实很少见，而且也没有必要非得在小学低年级就让孩子学会查词典。

在美国出版的美国小学生图画词典中，收录了1000个词汇和相应的彩色图片。连母语为英语的美国孩子都在用图画英语词典，我国孩子真的有必要从小就熟练地使用成人词典吗？其实，在小学低年级之前，这种图像联想学习法，即看了图画马上牢记单词意思的学习方法，效果更加显著。

用图画记忆单词就如同向查词典迈出的第一步。但是，如果从幼儿园或小学一年级就开始让孩子按照元音、辅音查英语词典，把单词当作文字来记忆，就会非常危险，也没有必要。因为至少要等到小学高年级，孩子才能真正理解和熟记这些文字体系。让刚刚学完字母和音标的孩子学习查英韩词典是完全没有必要的。

·让孩子在小学低年级阶段就开始查词典更多的是为了培养习惯。
·完全没有必要早早地让孩子学会查只有文字的英韩词典。

请让孩子使用会发声的电子词典

除了图画英语词典,"会发声的电子词典"也是小学低年级学生的必备工具。

在电子词典上查到单词之后,只要一按按钮,就能听到原语民纯正标准的发音,这比只在词典上看着音标读效果要好得多。这个时候,妈妈们不要认为只用电子词典查完生词的意思就算完成任务了,一定要让孩子养成跟着电子词典的发音反复练习的习惯。这样才能取得举一反三的效果:用电子词典查生词的同时,还可以矫正发音,提高听力水平。

并且,从现在起,妈妈要让孩子养成独立灵活运用电子词典的习惯。这样一来,即使妈妈不逐个帮忙,孩子自己也能熟练运用。让孩子亲自输入拼写、听电子词典发出的声音,会成为培养孩子自主学习习惯的第一步。

不要太勉强，每天陪孩子30分钟即可

即使贤镇上了小学之后，我每天和她一起学英语的时间也没有超过30分钟。先一起读10分钟左右童话书，然后以对话的形式练习5分钟语法，再把童话书中出现的新单词查查图画英语词典……就算把这些内容都做一遍，总时间也从来没有超过30分钟。

有些妈妈会制订出每天1个小时以上明确的英语学习计划：语法15分钟、读童话书15分钟、看视频25分钟……但是，真正试过的妈妈就会知道，完全按照计划付诸于实践并不是一件容易的事情。

与其这样，还不如将计划做得更有变通性、更具灵活性。我就是把读童话书和学习语法定为每天的必做项目，其他内容再具体安排。比如，今天练习唱童谣，明天就练习背诵故事。如果妈妈们像艺人的经纪人似的把孩子学英语的课程安排得满满的，就很难坚持下去，不管是孩子还是妈妈，都会很容易感到疲倦。

如果某一天孩子格外不想学习，妈妈就可以把时间稍微缩短一些，但有时候全神贯注学习的话，时间也会过得飞快。比如，某天在解释"skyscraper（摩天大楼）"这个单词的时候，开始讨论"什么时候去63大厦？"这种情况下对话时间就会变长，但孩子还在愉快地学习，妈妈千万不要因为时间到了就打断孩子学习的热情。

不管是以前还是现在，"虽短但扎实强劲"一直是我的信条。我自己也缺乏耐性，没有办法保持精神高度集中30分钟以上，而且如果每天学1个小时，不光是孩子，我的体力也达不到。

听说现在的妈妈们都按照以前教育高中生的标准来要求小学生。但在我眼里，贤镇还是个小孩子，不应强迫她每天学习30分钟以上，所以我从没有产生过这样的念头。我认为，应该帮助孩子把英语学习习惯化，这样孩子才能学得开心，一味强迫孩子长时间学习是完全没有意义的。

在教贤镇学英语的过程中，我也有好几次想撒手放弃。实在很难坚持的时候，我也会考虑：要不直接送培训学校算了，要不给她请家教？

因为一边上班一边担负起教育孩子的重任，在实践中的困难之处要比全职妈妈多得多。孩子开始上小学之后，学校作业都是妈妈负责的范围，需要准备的东西变多了，需要背诵的东西也变多了。结束工作回到家里，要陪孩子做作业，如果第二天有单词考试的话，前一天晚上还要和孩子一起背单词……每天单是30分钟学英语就已经很吃力了，还要学日语、汉语，时间一直不够用。虽然孩子还是小学低年级，可学校作业却非常多。把每天该做的全部做完之后，经常是凌晨2点多了。

可能别人听了会觉得不可思议，但贤镇一天的时间安排是和别的孩子不一样的。从学校放学回家之后先让她睡三四个小时，到傍晚的时候起床吃晚饭，我会在9点左右结束工作回到家。孩子因为白天已经睡了三四个小时，这个时候会很有精神。我们便开始英语30分钟、汉语30分钟、日语30分钟、读韩语童话书、做学校作业等。当然，这些并不是连续进行的，而是完成一项休息20~30分钟，再接着学习其他的。

我有时也会撑不下去，想要放弃。估计所有妈妈都像我一样经常不定时地产生想放弃的念头。一到孩子该上幼儿园的年龄，妈妈们就会疲惫地想："哎哟，我太累了，还是直接送英语幼儿园吧，或者培训学校也行。"问题就出在"耐力"上。

所以我才建议一天只学习30分钟。我实在无法想象连续11年每天学习2个小时会是怎样一种情况。**婴幼儿时期每天10分钟，幼儿园时期每天20分钟，小学低年级时期每天30分钟，让我们按照这个计划去做吧！** 拿吃饭来做比喻。吃饭是一件很开心的事情，但再喜欢吃饭，如果有人硬逼着你吃2个小时以上，别说开心了，肯定会想哭吧？时间长短并不重要，重要的是要一天不落地坚持下去。

妈妈在孩子旁边
可以给孩子心理上的安定感

在我做大酱汤的时候,婆婆从来不会亲自上手帮我,但会在旁边提醒我:"晚些再放豆腐。""调味料不要一下倒进去,要一点一点地撒进去。"虽然这些我都知道,但婆婆的话会让我更注意这些问题,也会更放心。

同样的道理,妈妈陪在孩子身边的作用要比想象的更重要。在孩子能够自己读书之后,很多妈妈就会放手让孩子自己学习,但在孩子尚未升入高年级之前,妈妈还是应该每天至少陪孩子 30 分钟。

孩子自己读英语书和妈妈在旁边陪着、倾听孩子读书这两种做法的效果差距极大。因为孩子在低年级阶段,只有妈妈能确定孩子是否真的在出声读书,是否有不会的单词。

即使把孩子送到培训学校,如果在那里学习的知识回到家后没有人陪着练习,孩子永远也学不会在培训学校之外用的英语。但是,如果妈妈每天听孩子说英语并给予表扬的话,即使只有 10 分钟,孩子也会产生自信。而且,和妈妈一起练习,会让孩子产生平等感,从心理上也会觉得安定。这就是"妈妈牌英语"是世界上最强悍、最有效果的英语学习方式的原因所在。

错了又怎样？尽情说吧！

　　培训学校的老师会指出孩子的错误并批评孩子，但妈妈不应该像可怕的培训学校老师那样，而应该结合孩子英语实力的高低，培养孩子的自信心。

　　有一天，贤镇在练习口语的时候讲到了学校里的事情："My teacher give me..." 这里是过去时，应该说"gave"而不是"give"，所以我打断她并纠正道："Stop，不是'give'，应该是'gave'才对。"然而，这之后就出现问题了。不知从什么时候起，孩子在说英语时开始看我的眼色，怕自己不小心再说错，总是吞吞吐吐地说："He give..." "不对不对……"

　　这时我才意识到：是我犯了错误。即使孩子说错了，我也不应该从中间打断她。所以我微笑着对贤镇说："贤镇啊，没关系。错了也没

关系,尽情喊出来吧!"

孩子这才安下心来,又开始像小麻雀似的喜欢说话了。

即使孩子把"gave"说成了"give",妈妈也应该听到最后,做一个"Good listener(好的倾听者)"。一旦从中间打断孩子的话纠正错误之处,孩子就会开始不安,担心自己再出错,从而变得畏畏缩缩不敢张口。

在孩子练习英语口语时,就算会犯一些小错误,但充满自信勇于张口练习,甚至是争着抢着说,是再好不过的现象。如果孩子在语法上出现错误,先不要急着打断他的话,听孩子说完之后再以强调的口吻说一遍:"Your teacher GAVE you..."这样纠正的效果是最好的。

妈妈一定要鼓励孩子尽量用简单的词汇、简短的句子,尽情张口表达自己。千万不要在中间打断他,错了也没关系,让孩子保持愉快的心情学习吧!

- 简短、厚实、强劲!但一定要一天不落地坚持。
- 妈妈不是可怕的老师,要成为令孩子舒服的学习伙伴、优秀的倾听者。

不要太关注其他孩子的情况，要切实了解自己的孩子

如果想让"妈妈牌英语"达到应有的效果，一定要保障孩子的体力、集中力，以及妈妈的体力、耐力和信息力。而对于妈妈来说，最重要的就是信息力。

这里所说的信息力，并不是指收集打听别人都在看什么书、送孩子去了哪家培训学校，然后忙不迭地跟风追捧。而是对自己孩子的信息力。"这样的适合我的孩子""这样的不适合""这样的会吃力吧"……就是指像这样针对自己孩子的信息力。

了解自己孩子的"致命弱点"是什么

有一段时间,贤镇总是把"I'm not going to do that.(我不会那样做的。)"的缩略语"I'm not gonna do that."错说成"I'm gonna not to do that."我多次批评她:"你是怎么回事儿?'gonna not'是什么啊?"但不知道是因为发音比较绕嘴还是怎么回事,贤镇还是不自觉地一直出错。

我又不能用填鸭式的教育方法给予强行纠正,所以在日常生活中抽空就说"not gonna"。比如,在贤镇不吃饭的时候问她:"You're Not Gonna eat?(你不吃吗?)"还总说:"I'm Not Gonna go there.(我不去。)""I'm Not Gonna drink now.(我现在不想喝酒。)"就这样在生活中说了数十数百句。直到连续几天听习惯之后,贤镇才改了口。

每个孩子都有让人难以理解的奇妙的脆弱点,即"致命弱点"。妈妈必须了解自己孩子的致命弱点是什么。但实际上,很多妈妈会忽略这一点。即使把孩子送到了培训学校,也绝对不能盲目相信培训学校会帮你做好一切。

想学好英语就必须要多说。但是,培训学校里一个班有三四十个学生,针对每个孩子一个一个地教会话是不现实的。虽然国家公共教育事业已经有了很大改善,但培训学校依然很红火。

家才是教孩子英语会话的最佳地点。虽然再往下数就是培训学校,但培训学校的老师肯定不会像妈妈这样带着满满的关心和爱去教孩子。因为还涉及一个叫做进度的东西。

我曾经发现贤镇在学某本书的时候有些吃力，就带着她把那本书学了3个月。但是，培训学校一个月要学完一本书，下个月必须用新书上课，所以即使有孩子跟不上，也只能一带而过。因为培训学校必须尽最大努力让家长看到成果，所以根本不会考虑各个孩子的学习情况，只是根据进度给孩子提高等级课程，能够诚实地告知家长孩子的真实水平并给予指导的地方并不多。所以，即使孩子的弱点还没有解决，英语能力也可以不断提升。其实，会下工夫去了解和研究自己孩子弱点的人只有妈妈。

要冷静地思考孩子的水平

我在给小学生上过课之后便发现，一个班三四十名学生中，有10名左右英语实力很突出，还有10名左右是可以结结巴巴说一点儿的程度，剩下20名几乎可以说是一点儿都不会。也许江南地区的部分学校会有些不同，但韩国大多数平凡孩子大概就是这个水平。但是，大多数妈妈都希望自己孩子在前10名，还把前2名孩子的英语水平当作标准。所以就无法冷静地评价自己孩子的实力，被"我的孩子也得那样"的强迫观念所缠绕，挑选和自己孩子的水平不相符的培训学校或教材。

和其他科目不同，孩子在学英语时，妈妈一定要了解什么水平是真正适合自己孩子的，千万不能被高水平所迷惑。

每个孩子都有自己比较脆弱的地方，有自己的弱点。比如，我家孩子的读解比较弱，那么别的孩子可能口语比较弱或者不喜欢写字。如果妈妈想弥补孩子的弱点，就不要拿自己孩子去对照其他孩子的标准，而只抓住自己孩子的弱点，对症下药。

妈妈一旦开始考虑别人指定的标准，把所谓这个年龄一定要看的书推给孩子，就意味着你的孩子正在学习和自己水平不相符的英语。

妈妈要时刻思考，现在我的孩子的英语水平是哪种程度。如果我发现贤镇在学习 level 2 的时候有些迷茫，我就会马上换其他书重新学习 level 1 的内容。只有等到贤镇不再觉得吃力，能顺利跟上 level 2 的难度时，我才会进入下一个阶段的学习。

教孩子学英语的时候，妈妈不能一味只想着往前冲，有时候反而要学会后退。要冷静地思考孩子的水平，做好后退的准备。不要学完一本书之后就急着提高难度，要知道孩子的大脑还没跟上。

即使已经断了线，也可以从现在开始

根据孩子何时开始学习，以及学了何种程度的知识的不同，孩子的英语水平也会千差万别。我们来假想一下，一个孩子现在上小学一年级，而他的英语水平还不到 3 岁孩子的程度。但是，不能因为这个孩子刚开始学英语，就让他学 3 岁孩子学的幼儿英语，也不可能带着 8 岁的孩子到游乐园一边推秋千一边学"push"，更不可能让他垒塑料积木了。

所以这种游戏英语要果断地放弃。因为这个孩子的大脑已经发育到 8 岁的程度，所以可以开始学习字母等适合 8 岁孩子学的基本内容。我们不可能因为孩子8岁才开始运动，就让他从幼儿的爬行动作开始学习吧！英语学习与其是一个道理。

当然，也没有必要因为这个孩子比其他8岁的孩子开始得晚就担心。别的孩子的进度表、上游孩子的进度表都和我的孩子无关，我只要制定出适合自己孩子的进度表就可以了。

· 我的孩子的英语水平有可能比我预想的低。
· 要善于发现并勇于正视孩子的弱点。
· 不要依赖其他孩子的进度表。

如果想送孩子去培训学校，请选择这样的

不论是否实施"妈妈牌英语"，从现实来看，大部分妈妈还是会想把孩子送去培训学校或者已经送去了。我很清楚这一事实。

如果是这样，妈妈最好考虑一下选择好的培训学校的标准。我建议把孩子送入到小学低年级为止保证阅读、写字和口语并行的培训学校。比起只教授知识的地方来说，有外教能够灵活丰富地教授会话的地方更好。一个班里最好不要超过12个学生。可以认为，一旦学生人数超过12个，我的孩子就会失去相应的说话机会。

另外，即使培训学校并行教授会话，练习口语的时间也是绝对不够的。所以，就算把孩子送去培训学校，回到家里也一定要让孩子练习口语，哪怕是用培训学校的会话书和孩子练习一次也好。

也许会有人反问："要这样的话，我还何必把孩子送去培训学校呢？"事实上，把孩子送到英语培训学校的目的是，让孩子可以和同龄小朋友开心地相处，同时又可以学习外教的纯正发音。但是，毕竟培训学校里的课程不是针对某个孩子设立的一对一辅导，所以不能100%依赖。

再有，最好选择父母能够参观一下上课情况的培训学校，即使是一会儿也好。因为是交了费用之后把孩子托付给培训学校的，所以家长理所应当有权利了解自己的孩子是如何学习的。要放弃布置很多作业的培训学校，让孩子把课堂上学习的内容充分理解更重要。

朴炫英针对英语教育提出的"火车轱辘论"

我经常把韩国英语教育的现状比喻成火车的巨大车轮和儿童三轮车的小轮子。

幼小的孩子骑上小三轮车,马上就可以轻易地驶向自己想去的地方,而火车根本就不能按照自己的意志前行。火车想要向着目的地前进的话,需要经过检查,需要准备的东西也很多。燃料、发动机、各种装置、驾驶员等繁杂的要素都具备了之后才能出发。出发了之后也不能马上提速,而是需要慢慢提高。

现在大部分韩国孩子学习的都不是自然吸收的英语,而是死记硬背型、注入型、应试型英语。用这种方式学英语的孩子也逐渐趋于低龄化。但是，这样学英语的孩子，即使在托业、托福等各种考试中能拿到满分，但大多数还是不能熟练地张口说英语。

虽然不能在短时间内提高词汇量和读解能力，但孩子们真正需要学习的英语是能够自然地说出口的、深入骨髓的。换句话说，就是能脱口而出的英语。我认为必须由妈妈来为孩子进行这样的教育，其他任何人都做不到。

如果把前者的教育方式比喻成三轮车式的英语教育，那么后者就是火车轱辘式的英语教育。火车轱辘式的教育虽然在一开始不会立即就有飞快的速度，但一旦加速到一定程度，就能极速奔驰。

近来，人们都认为从小学低年级就开始为进入外语初中的考试做准备是最棒的趋势。其做法就是，从小学一年级开始让尚未成熟的孩子学习美国教科书，把孩子们变成各种认证考试的牺牲品。

在这样的现实之下，大部分妈妈都会感到不安，觉得自己孩子落后了："别的孩子都以极快的速度在奔跑，我的孩子却还在慢慢吞吞地往前爬。"

但是，在小学阶段比别的孩子多认识几个单词，比别的孩子先做难度高的读解习题，并不是一个人将来能否学好英语的决定因素。这是因为，就像不能喂哺乳期的孩子吃牛肉一样，根据成长阶段的不同，孩子的消化能力也是分阶段的；腿上还没有力量的孩子是不可能从一开始就全力急速奔跑的。

不要总想着从起点就快速前进，刚刚出发的火车还在慢慢加速。在升入高年级之前，要给孩子打下坚实的英语基础，让孩子充分适应和喜欢上英语，达到从身体和嘴巴都能立刻表现出英语的程度。这之后孩子学英语的速度就会出现惊人的提高。

所以我建议各位妈妈，在孩子升入小学高年级之前，不要迷恋那些所谓的按年龄和时期制定的进度表。一味相信这些，让孩子照着这个模式学习的话，就像是盼着火车在燃料还没装满的情况下就马上疾驰一样。虽然我的孩子暂时比其他孩子的速度慢，但我也要先确定一下燃料是否充足、齿轮等装置是否正常。小学低年级就是把孩子尚有些不足的地方一个一个有板有眼地给予弥补的阶段。

2002年世界杯的时候，希丁克最先做的事情就是培养选手们的基础体力，巩固基本技术。同样的道理，如果韩国妈妈并不是100%都要让自己孩子上外语初中和外语高中的话，就要遵从"火车轱辘论"，在孩子小的时候打好英语底子，从基础开始培养。

- 火车启动后会先慢慢移动，但在各种基本要素都具备了之后，就会以惊人的速度疾驰。

"为什么一定要学英语？"
请赋予孩子学习英语的动机

孩子渐渐长大、年级越来越高的同时，就会开始产生疑惑并反问：为什么要这么辛苦地学英语？换句话说，就是孩子自己也想知道为什么要干这么一件累人的破事儿。

这时，也许有的妈妈会回答："想上大学的话当然要学了。""想要考试考得好当然要学了。"但我认为最好从根本上赋予孩子学习英语的动机。

我经常给贤镇讲她喜欢的人物的故事、她想要模仿学习的名人的故事，还有占据某个领域最高位置的伟人的故事。

我也会告诉她，她喜欢的运动员金妍儿从小就经常练习英语口语，所以现在英语说得那么好；歌手宝儿也是因为比进军日本市场的任何一个韩国艺人的日语都说得好，所以才能如此成功。我还经常给贤镇讲，阿拉伯塔酒店的首席厨师爱德华·权（韩文名字是权永民）之所以能成为世界著名厨师，并不仅仅因为其厨艺高超，还因为他很早就开始努力学习英语口语，能够熟练地和外国厨师交流。

我以这样的形式让贤镇时刻都能意识到，以后不管做什么都需要有一口流利的英语。如果想像原语民或当地人一样说出完美的英语，就要从现在开始努力练习，将来才能说得一口漂亮的英语。

让我们赋予孩子必须学习英语的动机吧！在孩子心中埋下这样的念头："这个还是值得学的，我也来挑战一下吧！"

让孩子学习真正的沟通英语、实用英语、国际英语吧

钢琴弹得好的人,每天都会练习数十数百遍,一天都不落。就算是乐谱、理论、节拍都记在脑子里,但如果不常运动手部肌肉去练习的话,就不能从指尖流淌出优美的旋律。

和钢琴演奏相同,英语口语也同样依靠持之以恒的练习。就像钢琴弹得好的孩子,不用看乐谱也能熟练地演奏;如果英语口语练得好了,不用看书也会自然而然地脱口而出。

每当想到贤镇的钢琴水平,我和丈夫总是无能无力地笑笑。为了训练贤镇手指的力量,从3岁起我就开始让她学钢琴。有一天钢琴老师单独把我叫到一边对我悄声说:"贤镇有'绝对音感',绝对音感在天才音乐家中也是极少数才具有的能力。"我当时非常吃惊,因为好奇贤镇是不是真的如此,所以进行了测试,结果孩子真的不看键盘就能答对所有的音。

那么,有着"绝对音感"的贤镇能否成为天才钢琴家呢?答案是否定的。因为贤镇手指力量太小,根本弹不好键盘,而且很懈怠,没有好好练习,所以像《致爱丽丝》这样的曲子都只能勉强弹一弹,同龄孩子弹车尔尼30的时候,贤镇连车尔尼100都还不怎么会弹。

我和丈夫在旁边看着,忍不住偷笑说:"这就没办法去炫耀她有绝对音感了。"因为贤镇只在每周一次去接受老师的指导之前练习一小会儿,所以实力不可能有所增强。有一次,临放假之前大概2周的时间,我让贤镇坚持每天练习30分钟钢琴。结果,原来只能很生疏地敲出音来的《致爱丽丝》,也能弹出像样的旋律了。孩子也是第一次觉得很神奇,说:"妈妈,弹钢琴好像也变得有意思了!"

英语也是同样。即使某个人的词汇量惊人,高难度的读解题目也做得很熟练,语法考试得满分,但真正面对美国人时却张口说不出话来。正是因为他没有坚持练习口语。

在这一点上,口语和体育运动很相似。所以我经常想:"如果人们在看待英语会话时,能把它看成是金妍儿的滑冰该有多好。"

我想,谁都不会认可,从高三或18岁之后才开始学溜冰、体操、高尔夫等运动也能成为体育明星。流利的口语也不可能在高三的时候突然临阵磨枪就能在短时间内练成。体育选手们都是从小就开始接受训练,锻炼肌肉的。同样,英语口语也需要运动嘴部肌肉持续说话,经过漫长岁月的训练之后,才可能脱口而出。

擅长写字的人、擅长弹钢琴的人、擅长体育运动的人，他们的共同点就是拥有"肌肉的力量"。擅长说话的人也拥有"嘴部肌肉的力量"。刚开始弹吉他的时候，指尖会破皮、出血，但一旦练出茧子就能弹好吉他了。同样的道理，语言学习也是从锻炼肌肉开始的。所以我说要从小坚持每天练习说英语。

有句俗话叫"百闻不如一见"，而我想说的是"百读不如一说"。从外国留学回来当了英语系教授，但和外国人却无法流利对话的"海归派"；能流畅地读完高难度的原版书，但一让其用英语做演讲或总结文章大意时就低头的首尔大学学生们……这样的例子不胜枚举。就如同读书多的人并不一定是伶牙俐齿的人一样。

读100句英语句子，也不如亲口说1句重要。特别是在婴幼儿、幼儿园，以及小学低年级阶段，与其背诵1000个单词，倒不如亲口说1句英语。

如果有人问："为什么口语就是练不好呢？"能够回答他的只有一句话："你每天都出声练习口语吗？"

在把英语作为第一外语学习的国家中，芬兰是全世界最擅长英语沟通的。听说这个国家的人虽然拥有西方人的外貌，但他们的母语从语法构造到词源都和英语完全不同。语言条件不比我们有利。

但是，芬兰的小学、初中、高中的英语课程，全部都是以实用会话为重心。孩子们在学写字之前就会先接触到英语的声音，在学校里的英语课程也都是以实用英语为主，侧重于口语练习。

小时候在日本冲绳的美国学校短暂学习的记忆，至今仍令我印象深刻。那些美国老师时刻引导我们张大嘴跟着说。如果字写错了有可能睁一只眼闭一只眼就过去了，但若不会说，老师一定会指出："Oh, Jinny! Can you speak one more time?（金妮，你能再说一遍吗？）"然后张大嘴做出口型让她再跟着学一遍。

在真正的美国小学课程里，专门设置了"Show and Tell（秀与讲）"这样一门课。上课时，孩子们一个个轮流到讲台上演讲。主题很简单，例如"明天请带来自己最珍惜的物品进行介绍"。如果有些话孩子表达错误，老师也不会嘲笑或训斥，而是在说了"Very good.（非常好。）"之后再去纠正，告诉其基本语法，然后让其再说一次。

因为美国人从小就开始在学校里进行这样的训练，所以一辈子都会把"Speak Out"和演讲当成习惯。不知是不是因为这个原因，美国孩子比我国同龄孩子说话更有条理性，甚至那蓝色的眼球也会说话。我是想说，母语是英语的人是如此重视口语。

读解早学晚学都是可以的，即使年龄大了，只要集中训练，完全可以得高分。相反，口语则不可能在一年之内突然学成。口语实力与投入的时间、努力和热情成正比。

上小学一年级的韩国孩子，即使口语不好也应该能够达到美国四五岁孩子的程度。但现实是，韩国有很多小学生虽然很擅长读解，但口语还不如美国的3岁孩子。8岁的时候至少要能自由运用一句完整的句子，也应该会把幼儿园时期的"I'm hungry.（我饿了。）"这种程度的句子升级成"Because I didn't eat lunch.（因为我没吃午餐。）"流畅地说出口。但奇怪的是，韩国妈妈都不太重视孩子的口语教育，在这点上不慌不忙，还说"我家孩子擅长读解。"

通常韩国孩子一旦开始上小学，口语学习的线就断掉了。四年级孩子的口语水平只能达到美国5岁孩子的程度，六年级的孩子再擅长口语也只能达到美国7岁孩子的会话水平，口语实力不及读解的一半。所以，韩国人的口语表达能力迫切需要提升到目前读解能力的水平上来。

当然，擅长读解的孩子很了不起。但更了不起的是那些没出过国，单凭在国内的口语训练就能脱口而出，和原语民熟练地沟通的孩子。

去老年人大学学韩文的老人们，大部分都是一辈子为生计奔波，养育了几个子女，同时还做着生意。不识字并没有特别妨碍他们的生活。这些过了80岁才第一次学习文字的老人，之所以不会写字也能无障碍地生活，就是因为他们虽然不会读不会写，但会听会说。这样的老人只需要学习一个星期就能学完韩文。读和写就是这么容易迎头赶上来。

虽然这是个比较极端的例子，但我们真的有必要思考一下，我们到底是为了什么而学习英语。

在学习外语时，不论是读解还是沟通，所有方面都很重要。但在实际的日常生活中，逐渐占据重要地位的是沟通能力，而不是读解能力。现在，**托业考试提高了口语的比重，学校内测考试中口语也变得更重要，大企业的入职考试也逐渐出现了用英语口语面试取代英语考试分数的趋势。**

对于此前一直不重视口语的韩国人来说，现在情况紧急，已经火烧眉毛了。所有人也开始意识到，口语不是短时间内临阵磨枪就能出成果的。读书、学习、考试当然很重要，但随着国际化交流的日益广泛，如果想要有竞争力地生存下去，就一定要培养沟通能力，一定要熟练运用真正的实用英语。

- 和体育一样，英语口语也依赖于肌肉的力量、练习的力量、习惯的力量。
- 无法沟通的英语会渐渐变得毫无用武之地。
- 英语口语不可能在短时间内练就。

PART 3

超级妈咪朴炫英的
"妈妈牌英语诊所"
BEST Q&A

※ 在 Q&A（问与答）中出现的孩子名字已经按照妈妈们的要求用假名代替。

Q 我是一个已经怀孕将近6个月的准妈妈，想要给孩子做胎教，就去了书店。结果发现有胎教英语童谣、胎教英语童话、胎教英语会话等多种多样的和胎教有关的英语教材。在此之前，我一直以为胎教就是妈妈给肚子里的孩子听安静的、平缓的音乐，或者是隔着肚子和孩子相互问候的胎谈，没想到会有这么多样的内容，有些发慌。同时，我也能看出现在的妈妈们都很积极，但是英语胎教真的会对孩子将来的英语实力有帮助吗？

A 先从结论来讲，英语胎教对孩子将来的英语实力有非常大的帮助。英语胎教是指准妈妈在10月怀胎期间，不仅是母语，英语也一起提前让孩子充分地听。这样做的目的是帮助孩子在出生之后，不会觉得英语陌生或是很困难，让孩子像接受母语一样很自然地接受英语。因为宝宝在妈妈肚子里的时候已经体验过丰富的英语的声音，所以出生后就会觉得英语的声音非常亲切。在怀孕期间，不管是英语胎谈还是英语童谣、英语童话，只要是让孩子听妈妈的声音，胎儿就不会觉得英语生疏，而会当作是妈妈的一部分。

但是，如果准妈妈原本就讨厌英语，因为胎教勉强说英语，还不如不说。本不想说而勉强说的话，胎儿也能把这种感觉传达到大脑，把英语记忆成不喜欢听的声音。准妈妈要把英语胎教想成和肚子里的孩子一起愉快地听英语的声音，而不是厌烦的英语学习，这样效果才会好。英语胎教并不是要以肚子里的孩子为对象教英语，而是让孩子体验英语的声音。请准妈妈亲自愉快地唱简单又有趣的英语童谣给孩子听，只要做到这一点就足够了。

我是住在仁川的志贤妈妈。孩子8个月的时候第一次叫出了"妈妈",现在孩子已经11个月了,会说"爸爸""Hi""mama"等一些简单的词汇。真的很神奇,也很高兴。所以我也开始有些贪心,想让孩子更多地同时接触两种语言。但周围人都劝我说,孩子现在连母语还不会说,再让他接触英语的话,就会产生混淆,副作用很多。真的是这样吗?

A 如果从孩子一出生就每天让他听英语,那么英语就不会被孩子当作外语,而是和母语一样,看成常听的日常语言,从而被顺利地快速吸收。如果不是这样做,而是把英语当作紧张的课业,让还垫着尿布的孩子学习的话,就会产生极大的压力和副作用。结论是,幼儿英语教育根据妈妈的做法不同而会产生不同的效果!我也从来没有教贤镇学英语或汉语,只是在一年内每天把用到的几句话不断重复说而已。因为我清醒地意识到,对于还垫着尿布的孩子来说,什么样的英语教材都是没用的。

03

Q 我是18个月大的智熙的妈妈。从孩子5个月开始,我每天都说英语给她听。孩子1周岁之后开始会说"妈妈""mama""Hi"等。我觉得特别神奇,也特别出乎意料,所以从那开始,我就投入了更大的热情,一天不落地每天和孩子一起练习10分钟的英语口语,但我比较担心我的发音。因为我的发音并不是很标准,所以就担心孩子会不会完全学成我的发音。

大部分妈妈都因为对自己的英语发音没有自信，所以干脆不跟孩子说英语，只让孩子听CD。但是，孩子绝不会侧耳倾听机械音。因为孩子不是通过机械音，而是通过妈妈的声音来记忆语言的。

不管妈妈的发音是否标准，孩子先听到妈妈说英语的声音之后，就会对英语产生亲密感。等到孩子很熟悉英语的声音之后，再通过CD或DVD反复让他听原语民的发音，孩子的发音就能得以矫正。因为满3周岁之前的孩子都具有一种神秘的能力，能够把节奏、强弱、高低、速度等因素全部一模一样地模仿出来。

有时我们会遇到那种从没出过国、在韩国土生土长的孩子，竟能用和原语民完全相同的发音流畅地运用英语，那都是因为他从小就通过CD或DVD接触了原语民的发音。

但是，孩子的这种神秘的听觉能力在过了3周岁之后就会逐渐减弱，所以一定要在0~36个月期间让孩子多多熟悉英语的声音。但有一个条件，那就是一定要让孩子先熟悉妈妈说英语的声音，让孩子提前和英语亲近起来。

不管妈妈的发音是否标准，都要作为先头军让孩子充分接触妈妈口中的英语，然后等孩子长大一些之后一起听CD，在边听边跟读的过程中自然而然地矫正发音。不过，如果妈妈能够和孩子一起用享受的心态开心地学习幼儿英语，那么数10次跟读之后，妈妈的发音也一定会慢慢发生变化，总有一天会矫正成原语民发音的。

04

Q 我是18个月大的正弦的妈妈。简单的话孩子马上就能学会,英语单词也能听懂很多。所以我买来了市面上流行的那种附有CD的幼儿英语故事书,每天晚上睡觉之前让孩子听30分钟,但孩子看起来好像没什么反应。那些在育儿英语上取得显著成效的妈妈,都说在晚上睡觉前放英语故事CD给孩子听。我很奇怪,为什么我家孩子没有任何反应呢?只放CD给孩子听,孩子就能听懂并张口说吗?

一味只是放英语CD给孩子听的话，孩子只是单方面听到了不懂其意的声音。因为孩子不理解其中的意思，所以是完全没有效果的。不论一张英语故事CD里承载了多么优秀的内容，还不到2岁的孩子怎么可能听懂？如果各位妈妈每天晚上睡觉之前听30分钟完全听不懂的阿拉伯故事CD，那么将来的某一天您就能听懂阿拉伯语，并且张口说吗？

孩子只会闻着妈妈身上的味道，在妈妈温暖的怀抱中集中注意力听妈妈的声音。就算CD是完全纯正的原语民录音，这个世界上也没有一个两三岁的孩子能够集中注意力去听机器发出的声音，并跟着出声读。

我反复强调，孩子在每个成长阶段都有做得到的事和做不到的事。语言的听力和口语能力更是根据成长阶段而有所不同。如果无视成长阶段的限制，给幼儿听8岁以上的孩子才应该听的英语故事CD的话，听100天也不会有任何效果。不管是母语还是英语，教授语言这件事最重要的核心是"相互对话"。

先让孩子听妈妈说英语，过段时间之后妈妈再和孩子一起听CD是最佳方法。通过面对面和妈妈相互对话的方式学习语言才是最有效果的。请不要忘记，如果给未满3周岁的孩子播放CD或DVD，单方面让他听声音的话，那么这些声音对他来说不过是一种噪音或机械音，完全起不到任何作用。什么样的音频或视频都比不上和爸爸妈妈面对面的相互对话的效果好。

Q 随着孩子长到 36 个月大，我的女儿敏静学说话的速度有了显著提高，会说的英语单词也多了许多。我教给她的单词，她都能立刻学会，这让我尝到了早期英语教育的甜头。我想进一步提高敏静的英语实力，所以开始给她读英语故事书。但是敏静看起来比其他孩子要被动，平时只是听而不怎么跟着我张口说，只有去游乐园玩的时候才能表现出爆发性的反应。是现在开始给她读英语书太早了吗，还是说我家孩子比同龄孩子的语言发育迟缓？

A"妈妈牌英语"的实质是,用最适合自己孩子的方式教英语!因为每个孩子所拥有的学习习性不同,有很多孩子像敏静这样,不喜欢书,在游戏中更能集中注意力积极反应,更喜欢游乐园。世界上哪有讨厌游乐园的孩子呢?虽然给孩子读书是好事,但对于这个时期的孩子来说,妈妈还是把英语嫁接在游戏上,才更能让孩子集中注意力去学习。

读英语故事书的时候,如果敏静表现得很被动,不怎么跟着学,几乎没有什么反应,妈妈就不要再单纯地读下去了,要试着转换成游戏英语。妈妈在游乐园高兴地陪孩子玩的过程中说出的英语,孩子也会开心地吸收消化,然后从自己口中说出来。所以,妈妈要积极灵活地运用和孩子一起玩的时间,一边玩孩子喜欢的游戏,一边渗入英语,孩子就能愉快地学习英语了。

06

Q 我听了您的演讲之后，坚信在孩子入学之前，妈妈是孩子最好的英语老师，并且正在坚持每天早上用英语和孩子对话10分钟，睡前再让他听英语童谣。从孩子张口说第一句英语开始，像"妈妈，mommy""爸爸，daddy""水，water"等很多单词他都能听懂两种语言版本，还会立刻张口模仿。像您说的那样，用英语提问孩子就会用英语回答，用母语提问孩子就会用母语回答，真的很神奇。但是，到了3周岁左右，孩子的行为就变得奇怪起来。明明是他知道的单词，之前都会立刻用英语回答，可最近用英语问他也用母语回答；给他读单词图画书的时候，他看着图画还是用母语念，即使认识这个英语单词也还是这样做。为什么会这样呢？是孩子突然讨厌英语了吗？

3~4岁是孩子以爆发性的速度练就语言的时期。这个阶段孩子的语言表达能力会如泉涌一般提高，听到多少就能说出多少。因为听到的母语明显更多，所以孩子就会觉得更舒服，听起来更亲切，使用听得多的母语回答英语提问也是理所当然的事情。这是极其自然的现象。

因为母语听得更多，随着能听懂、会说的母语增加，孩子就会想用母语自由地表达自己的想法。相反，英语说得没有母语这么流畅，孩子就会觉得比较压抑，总想用说起来舒服的母语说话。所以很多时候，妈妈在给孩子读英语图画书时他就会厌烦，总想扔掉手里的书，要求给他读母语书。

从这个时候起，孩子的英语口语和母语口语会逐渐拉开差距，但妈妈千万不要着急或着慌，两者的听力能力还是相似的。很快，孩子的英语口语就会跟着平时不断听到的英语的声音赶上来。孩子现在的反应是很正常的，妈妈目前什么也不用做。

如果威胁或强迫孩子说英语，孩子就会产生抗拒心理，更不想张口说。妈妈可以换一种方法，延长用英语做游戏的时间，引导孩子像说母语一样说英语，这种方法非常有效。如果孩子喜欢电话游戏，那就拿着电话对孩子说："喂。""Hello.""你是谁？""Who is this?""我是妈妈。""I'm mommy."这样一来，妈妈既可以和孩子一起玩，又可以让孩子很自然地听到英语的声音，并引导孩子亲口说出来。孩子就会觉得这是在高兴地玩游戏，也会开心地模仿、大喊、集中精神听妈妈在说什么。这个时期一定要让孩子愉快地学英语，即利用游戏英语带动并鼓动他学习。"胡萝卜英语"的威力是无穷的。

再强调一遍，我们教孩子英语的目的是，让孩子不像我们一样恐惧英语，能够高兴地学会英语，而不是让孩子说话和美国人一模一样。所以请您千万不要焦躁。

Q 我是5岁双胞胎兄弟俊秀、俊荣的妈妈。我很早就开始让孩子们看类似《朵拉朵拉》《卡由》《海绵宝宝》这样的幼儿英语DVD。不知是不是因为这个原因,孩子们基本上很快就能学会DVD里出现的英语童谣。在那些由成功进行了早期英语教育的几位妈妈运营的网站或博客里,也提到了用英语DVD引导孩子张口说英语的做法。但我家两个孩子并没有达到这些妈妈说的那种程度,DVD已经看了3年,一直都没有太大的长进,顶多是听到喜欢的英语童谣能跟着唱。我也不知道孩子们会不会说,或者能不能听懂。所以为了让孩子们能更多地听英语的声音,我就把看DVD的时间从一两个小时延长到了三四个小时,可似乎还是没什么效果。每天要看几个小时的视频,才能起到让孩子张口说英语的效果呢?

我坚决反对在6周岁之前给孩子看视频。原因是,先通过妈妈讲故事让孩子充分熟知内容,再读过英语书之后,看英语视频才会有效果。如果最先看英语视频,失去的要比得到的多。

看英语视频的理想年龄是从七八岁开始。因为在很早就开始英语教育的前提下,孩子到了7岁左右,基本的词汇都能听懂。这个时候如果再配上画面一起看,孩子的理解速度就会明显提高,效果也会更好。

通常提到早期英语教育,很多家长都是长时间让幼儿看英语视频,专家们对这种做法表示非常担忧。这是因为,如果让婴幼儿长时间看视频,孩子就会沉迷于视频当中,从而产生各种语言障碍,严重的话甚至会得自闭症;还有可能引起语言迟滞现象,闭嘴不说话或者说话结巴等。美国小儿科学会和语言学家都曾发出严重警告,不要让学龄前的儿童长时间看视频或电视。因为口语能力是通过和妈妈面对面交流或对话训练出来的,而绝非通过单方面看电视或视频这样的机械音学来的。

有些妈妈认为，市面上畅销的英语视频给孩子看得越多，孩子的英语实力就会提高得越快，所以整天让孩子看视频。其实，这是一个很大的误区，是一种非常危险的做法。如果让孩子太早开始接触电视或视频的刺激，孩子就会失去对周边声音环境的好奇心。因为总是单方面地听传到耳朵里的声音，孩子的说话能力就会退化。

当然，孩子通过电视或视频可以学习有趣的韵律操或歌曲，也可以学习会话，还可以亲自体验到目前为止没有接触过的未知世界，这是电视和视频的长处。从孩子能够马上丝毫不差地模仿视频中出现的语句也可以看出，视频的积极影响力和正面作用还是很大的。

但是，在孩子7岁之前，不要通过电视或视频教英语，一定要通过读图画书或做游戏，让孩子在愉快的相互对话中学习口语。学习英语童谣也应如此，妈妈先亲自唱给孩子听，再和孩子一起听CD，愉快地跟着CD一起唱。

如果非要通过视频或电视让孩子听英语的话，请一定把时间控制在

平均每天30分钟以内。并不是孩子看多少就能学会多少,因为他主要在看画面,声音只是大概一听就过去了。绚烂的色彩、快速的画面变换能够轻易抓住孩子的视线,视频的声音又在不停地刺激孩子的耳朵,所以孩子的眼睛和耳朵很容易就会被控制,一整天只会像丢了魂儿一样呆呆地坐着,表面上看起来似乎津津有味,但实际上并没有理解视频里的内容,只是单纯看画面罢了。

从现在开始,请暂时收起家里所有的英语教育视频,和孩子一起高兴地做游戏,或是给孩子读有趣的图画书,尽量和孩子多对话吧!

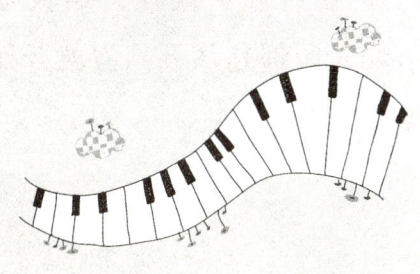

08

Q 我是刚满5岁的慧真的妈妈。比起同龄孩子来说，慧真的语言发育属于比较早的，从1周岁就开始喜欢看图画书，每天都拿着图画书让我给她读。我给她读图画书的时候，她会眨巴着大眼睛，集中注意力安静地坐着听。而且，她集中注意力听我读书的时间要比其他孩子长很多。

最近孩子看起来好像对文字产生了兴趣，所以我就开始教她韩文和字母，结果一周之内就全学完了。但是，想要读英语书的话，光知道字母不行，不是还得学音标吗？我可以从现在开始教她音标吗？听说很多英语幼儿园都是从五六岁就开始教音标，我现在教慧真可以吗？

慧真原来是一个非常喜欢书、注意力又高度集中的孩子呢！像慧真这样从小就非常喜欢书的孩子，语言发育会比不怎么喜欢书的孩子早很多，思维能力也更强，所以学外语会更轻松。

但是，在孩子8周岁之前教他字母和音标，其实是在孩子还不清楚单词的概念的情况下，让孩子哗哗地读字母，基本上可以说是没有意义的教育。

请思考一下。即使现在慧真知道的单词非常多，读英语书时无法理解的单词、句子构造、语法等绊脚石也会数不胜数。例如"loneliness（孤独）""trip（旅行）""happiness（幸福）"、"pitiful（可怜的）""wind（风）"等抽象性的词汇，就算慧真能读出来，但不理解意思的话，又有什么用呢？

即使孩子学完了字母和音标，也很难马上就能读懂英语书。因为在教孩子韩文和字母的时候，最重要的不是读单个的字，而是理解单词和句子的意思。在对事物的认知能力和背景知识还不充分的情况下，单纯教孩子读字母和单词的方法是没有意义的。

教育学龄前儿童的重心应该放在听力和口语上，而不是阅读和书写。当然，学完了字母和音标的孩子，会比其他不会的孩子读更多的书，接触到更多的信息，智力发育也许会更快。但本该是在愉快的玩耍过程中通过对话学习口语的时期，却接受了又难又无趣的文字教育。

当然，孩子会在妈妈的强迫下读这些根本不理解意思的文字，但最终会因压力过大而远离书。纵然一段时间过后孩子有些能读懂了，但从这时起妈妈又要让孩子看各种各样的书和练习册，甚至起更大的贪心让孩子去考试。本应该是学习会话的年龄，却为了考试只能集中精神学习文字。

在孩子7周岁之前开始进行文字教育，就相当于强迫刚会走路的孩子骑自行车一样。和在玩耍过程中使孩子自然习得口语的教育方式不同，在教孩子阅读的时候，无论采取怎样有趣的方式，也还是会变成只能呜呜啦啦背诵的无趣的填鸭式教育。

即使孩子对文字表现出极大的兴趣，但在上小学之前进行文字教育还是为时尚早。8岁之后，孩子的词汇量会变得丰富，一般的单词和句子都能理解，这个时候是进行字母和音标教育的最佳时期。因为从这时开始，孩子也想自己读书，会表现出对文字的积极态度。

另外，因为每个孩子学习文字的时期都不同，所以不要因为和别的孩子比较，就为自己孩子定下学习期限，一心总想着让孩子快点学完。虽然有的孩子一个月之内就能学完全部课程，但有的孩子则需要花好几个月的时间来学习。因为不是教说话，而是教文字，弄不好孩子就会因为学习而感到压力，所以一定要在孩子真正对文字表现出兴趣之后再开始。妈妈在给孩子读图画书和故事书的时候，也不要想着教孩子文字，单纯用声音妙趣横生地读给孩子听就行了。

每次演讲的时候，我都会问妈妈们这样一个问题："各位，你们今天为什么来到这里？是来获取能让孩子流畅地读书、考试考出好成绩的信息吗？还是来获取能让孩子脱口而出说英语的信息？"妈妈们都会异口同声地回答："脱口而出说英语。"但现实情况则是，家长们以阅读和书写教育为起点的居多，而不是听力和口语教育。

音标是教人们在搞清楚声音和拼写的关系之后如何阅读的规则，必须在8岁之后，孩子的思考能力发育到一定阶段，才能发挥作用。

4~6岁的孩子想要理解音标的规则,需要花费一年以上的时间。而小学二三年级的学生只要一两个月就能收到效果。从这里我们就能看到年龄导致的差距了。

教音标的目标是"reading",即阅读。而婴幼儿和学龄前儿童的英语教育目标则是"流畅地说"和"明确听懂"。只要解决了听力和口语,到了8岁,阅读和书写自然就能解决。请不要忽略,那些提前学习音标的孩子,虽然可以更早开始读书,但口语和听力却很落后。

我记得在很久以前的一次演讲中,有一位妈妈带着7岁的女儿一起来听。

"我女儿4岁学完字母,5岁学会音标,现在能读很多书,但就是不会说。为什么会这样呢?"

我马上递给那个孩子一本书,让她读来听听。"Tommy hid behind the tree. Because he was afraid of bullies.(汤米躲在树后面,因为他害怕那些流氓。)"

没错,那个孩子确实能用英语流畅地读出来。然后我问她:"这句话是什么意思呢?"

"Tommy和tree我知道是什么意思,但其他的都不知道……所以这句话也不知道是什么意思。"

"hide"的过去式是"hid","is"的过去式是"was","be afraid of(害怕)"这个短语,"bully(流氓、地痞、折磨和殴打别人的人)"这个单词,那个孩子统统都不知道,所以她虽然会读,但却完全无法理解句子的意思。

09

我是小学二年级学生艺琳的妈妈。在艺琳小时候，我每天都给她读英语童话书，学完音标之后，她就能自己读英语童话书了。但是最近随着句子逐渐变长、变难，我意识到了语法的必要性。看看周围的妈妈们，大部分都是从小学低年级就开始教孩子学英语语法，我也可以从现在开始教艺琳吗？书店里有很多漫画英语语法书或者儿童英语语法教材，我不知道孩子能不能真正理解。

语法只有在写作的时候才需要。但是小学低年级学生还无法像原语民那样写英语作文，所以教他们语法为时尚早。只要充分练习听力和口语就会发现，这其中就包含了所有语法规则。所以，对于小学生来讲，不要专门学习语法，通过反复听和反复朗读英语自然而然地习得是最好的方法。

英语童话书中的句子处处包含了语法书中列举的规则。把这些内容重复听无数次之后，某一天听到谁说"I is Tom"，肯定会觉得很别扭。

在英语强国芬兰，为了让学生学好英语，老师会告诉学生："多次反复听。"因为一旦这些反复听过多次的英语句子在大脑中留下深刻的印象，孩子就能自然而然地学会语法。因为大脑中存在着语法正确的句子，所以听到或看到语法错误的句子之后，马上就能发现其中的错误。

如果坚持让孩子反复听和反复朗读，孩子就能水到渠成地掌握语法。如果用专业用语教年龄很小的孩子学语法，不仅孩子理解起来非常吃力，还有可能成为孩子讨厌英语的罪魁祸首。每次我都会强调，语法会自始至终地渗透在学习口语和听力的过程中，所以只要多听、多模仿，自然就能学会。即使孩子已经到了可以学习语法的年龄，也不要像我们以前那样死记硬背语法规则，而要让孩子通过多说培养语感，从而能够熟练运用语法。只要说得正确，就证明语法学得准确。

来吧，从现在开始，选择一本孩子最喜欢看的书，让他大声朗读30遍。随着渗透着语法的诸多句子像九九乘法表一样挂在孩子嘴边，语法就会在不知不觉中牢记于心了。

Q 随着需要背诵的单词越来越多,孩子在记单词和拼写上吃了很多苦头。请告诉我一个有效的背单词和拼写的方法吧。

A 最重要的一点就是,不管是背单词还是拼写,千万不要一边用手在练习册上写,一边用眼睛看着背。用眼睛看的同时,反复出声读,就能很容易地背下来。可以设想一下,如果九九乘法表是用眼睛看,再加以手写背下来的话,多年以后还能背得出来吗?当然不行。因为我们是靠多次大声背诵才记忆深刻的。

美国每年举办的英语单词拼写大赛的历届种子选手都有一个共同点,那就是绝不用边看边写的方式背单词。不

管是背拼写还是背词意，都是在反复大声背诵的过程中记下来的。

所以，在小学低年级阶段一定要让孩子养成"Read Aloud（大声朗读）"的习惯。因为到了高年级之后，大多数阅读课都是以默读为主，大声朗读的训练不容易实施。虽然刚开始的时候可能会有些别扭，但一定要引导孩子坚持大声朗读英语书。

开始朗读之前，我先提醒妈妈们，孩子在读内容较长的英语书时，可能会出现以下这些现象。

★ 刚开始读的时候声音很大，但渐渐地就会变小。

★ 抑扬顿挫不规律。

★ 读得很慢。

★ 不能流畅地连续朗读，总在句子中停顿，打断阅读的连贯性。

★ 从语法结构来讲，在不恰当的地方断句。

★ 呼吸不规则，喘不过气的时候在句子中间停顿吸气。

★ 因为语法或词汇不足，在不认识的单词或短语出现时停顿。

但是，如果坚持大声朗读英语书，就会产生下述惊人的变化。

★ 自始至终大声明快地顺利读下去。

★ 抑扬顿挫中有节奏感，很规律。

★ 朗读速度逐渐加快，并能自由地调节速度。

★ 不在句子中间停顿，能流畅地朗读。

★ 拥有边读边理解的能力，懂得在文脉合适的地方断句。

★ 随着肺活量的增加，呼吸变得自由，不用大喘气，能平稳地朗读。

★ 在不知不觉中熟记了反复出现的语法规则和单词。

后记

坚持不懈的激情、满怀希望的等待，以及给予孩子充分的信任

经常有人说贤镇："虽然英语说得很好，但成绩太糟糕。"每次听到这样的话，我心里都会很矛盾。看到自己孩子在学校考试中取得并不优秀的成绩，我也会焦躁，也会烦闷。

因此，我也很清楚，在那些让孩子从小以背诵和读解为主学习高难度的英语、早早就为进入外语初中做准备的妈妈中，肯定会有人对我的说法嗤之以鼻。

但是，有一种信念一直支撑着我，而现在这种信念不会再动摇。如果按照笔试的同等难度考口语的话，贤镇肯定每次都得满分。只要其他妈妈在孩子的口语教育上投入一半自己在孩子读解和学校考试方面的关注、努力、热情和时间，韩国所有孩子都能脱口而出说英语。

以前这种信念曾经动摇过。贤镇1岁时，我一边给她垫尿布一边对她说英语，我能感觉到家里人都不太赞同这种做法。交替着对贤镇说汉语和日语的时候，我也经常被埋怨："孩子单学英语就已经很吃力了……"

那个时候，就是我一个人孤军奋战。孩子也并不像我想象的那样可以脱口而出说英语，能够快速跟上我的计划。大部分孩子都一样，输出效果不如输入好。我总是大喊着引导贤镇输出，经常把自己弄得筋疲力尽，但孩子还是没能很快张口说英语，有时

候反而有退步的现象。这样坚持到3岁,孩子开始会说第一句话,5岁时会说两句话。即使是这样,我还是觉得很奇妙。

贤镇的身体状况也不是很好,谁看到她病历本上的记录都会觉得不可思议。心脏不好,还有哮喘,从出生开始,单是急救室就进了40多次。小学一年级的时候经常请病假,严重到已经快达不到学校要求的最低上课天数。我甚至曾经认真考虑过贤镇是否需要休学。

贤镇小时候即使在住院期间,我也没有停止口语训练。如果让孩子整天自己躺在病房里,她就会觉得烦闷,所以我通常会躺在她身边,给她读书,还咯咯笑着陪她玩,嘴里还说着:"喝汤吗?""You want some soup?""スープでしょう?"每当这个时候,护士总会说我:"孩子正生病呢,您这样会不会太过分了?"就算是这样,我也希望能够挤出时间,一天都不落地训练孩子的口语。

其他妈妈都是把孩子送到英语幼儿园或培训学校,我不会那样做。我花了11年的时间如细雨润物般一点一滴地积累。即使每天只练习10分钟,但10多年之后,孩子在不知不觉中已经打下了坚实的语言基础。随着词汇量的不断增加,贤镇的口语水平终于有了大幅度提高,成功地达到了脱口而出的程度。不仅是

英语,贤镇的汉语、日语也开始像原语民一样能自如地运用,横扫各种口语大赛的最高奖项。我用强烈的爱与热情慢慢地、不停歇地打磨出来的贤镇的语言实力,从一开始像蒸汽火车一样"扑扑哧哧"地慢慢爬行,到在不知不觉中变成了以惊人的加速度疾驰的高速火车。

虽然这是一场漫长且迟缓的战斗,但我知道,就算再平缓的战斗也终有决出胜负的一天。学习语言最重要的就是耐心,即使每天只练习10分钟,也一定要坚持下去。我亲身验证了这种恒心的威力。至到今天,贤镇每天晚上睡觉之前都会用胳膊夹着童话书躺到我身边。在贤镇的房间里,小床旁边总会堆着一摞书。每天晚上两个人一起躺着读英语童话书已经成为了一种习惯。但躺在床上举着书看,胳膊一会儿就会疼。后来丈夫买来了可以让我们舒服地躺着看书的妙招商品,托他的福,我和孩子躺着也能舒舒服服地读书了。

有一次,孩子说了这样一句话:"妈妈如果出差或不在家的话,我晚上就会很不安。"之前我因为做盲肠手术,有一周时间没能回家,孩子说那时候每天晚上听不到妈妈的声音,感觉很奇怪。据丈夫说,即使贤镇在做其他事或是在玩儿,也一直播放着英语CD。10年累积养成的习惯就是有这样惊人的效果。

  妈妈的任务就是，努力让孩子深深地喜欢上某个东西。因为贤镇还小，不爱吃芥末酱。我就当着贤镇的面夹着寿司沾了芥末酱放进自己嘴里，一边津津有味地吃着，一边说："吃了这个之后，鼻尖就会'嗡'的一下辣起来，然后眼泪就会在眼睛里打转。这个时候喝一口汤真的是超级美味！"贤镇因为看我吃得津津有味就尝了一口。一放到嘴里，她就大喊着辣，流着泪对我说，自己总是被妈妈骗。

  学习语言就要像这样。根据妈妈有趣的"欺诈"，给孩子做好这道"料理"，孩子才会感兴趣，自动跟上妈妈的步伐。我从来没有强迫贤镇吃芥末酱，她是跟随我自己张口吃的。同样的道理，根据妈妈教育方法的不同，孩子的反应也会不一样。

  这本书是我悉心整理自己10年来教女儿贤镇学英语的培养手记，同时也是毫无保留地给那些因为孩子的英语学习而受挫的妈妈的指南书。通过阅读这本书，读者可以发现一条捷径，从而避免在教孩子学英语的过程中遭遇实践错误，节省时间和金钱。我希望每一位妈妈都能满怀信心，相信自己能够做到。带着这种期待，我给本书画上了一个圆满的句号。